世界を裏側から見る私の手法

ロシア報道を読み解くことで真実がわかる

佐藤優

経済界新書 055

まえがき　「外交の基本文法」と「正確な情報」で予測できる

国際情勢はますます混沌としている。複数の因子が複雑に絡み合っているので、先読みが難しい。「6か月後の国際情勢はこうなっています」とズバリ予測する人がいたとするならば、その人は嘘つきか情勢をまったくわかっていないかのいずれかである。

それでは、国際情勢の予測をわれわれは諦めなくてはならないのか?

そんなことはない。国際政治の基本文法と正確な情報があれば、注意深く分析した上で「こういうことが起きるであろう」というある程度の幅を持った予測をすることができる。

重要なのは基本文法だ。この文法には外交の裏舞台で仕事をした経験がある人にしか理解できない部分がどうしても出てくる。

外交(ここには裏世界のインテリジェンスも含まれる)の文法を、具体的な情勢分析を通じて読者に伝えることが本書の目的だ。

それだから私は、本書のタイトルを「世界を裏側から見る私の手法」とした。

真理は具体的なので、今年（２０１７年）４月27日の日露首脳会談をテーマに取り上げてみる。この日、モスクワのクレムリン（大統領府）で安倍晋三首相がロシアのプーチン大統領と会談した。

今回の会談時間は約３時間で、日本政府筋によると最初の約90分間の少人数会合で共同経済活動などを協議。その後、首相とプーチン氏が通訳を交えた２人だけの協議で約50分間、北朝鮮とシリア情勢について意見交換した。

（４月28日「朝日新聞デジタル」）

日本外務省によると、平和条約（北方領土）交渉に関する合意は次の通りだ。

１　平和条約締結問題

昨年12月の首脳間の合意事項の具体的な進展として、以下の３点で一致しました。

（１）航空機を利用した元島民による特別墓参の実現（６月中にも実施）。

（２）共同経済活動に関する四島への官民現地調査団を派遣（５月中にも実施）。

（3）本年8月末の歯舞《はぼまい》群島への墓参の際に追加的な出入域ポイントを設置。
こうした取組を積み重ね、四島における協力で様々な成果を出していく姿を日本人と現在四島に住んでいるロシア人が実感することは、平和条約の問題の解決の意義への理解に繋がるものであり、平和条約締結に向けたプロセスの一環です。

（4月27日外務省HP）


まずここで重要なのは、航空機を利用した元島民の北方領土訪問に関する合意ができたことだ。

2000年10月に鈴木宗男衆議院議員（当時）を団長とする北方領土訪問団が航空機（サハリン航空のチャーター便）を用いて、中標津空港から国後《くなしり》島のメンデレーエフ急行を往復したことがある。このときも、どちらの国の航空管制に従うかという問題が生じたが、ロシアの航空機をチャーターすることで、日本が明示的にロシアの航空管制に従うという体裁を避けた。

今回も航空管制の管轄をめぐり事務レベルでは両国の立場が対立していたが、両首脳の政治決断によって、この問題が軟着陸することになった。

北方領土では港湾が整備されていない。そのためビザなし交流の枠組みで北方領土を訪れる日本人は、船から艀《はしけ》に乗り移らなくてはならない。波が荒くなると、高低差数十センチ、幅1メートル程度をジャンプしなくては船から艀に乗り移れなくなる。タイミングを逸して海に落ちると、船と艀に押しつぶされてしまう危険がある。

そのため高齢者や乳幼児が北方領土を訪問することは難しかった。航空機が利用できるようになると元島民の高齢者が、就学前の孫を連れて、故郷の島を訪れることが可能になる。それだからビザなし訪問への航空機利用は人道的観点から大きな意味を持つ。

外務省HPには、「四島における協力で様々な成果を出していく姿を日本人と現在四島に住んでいるロシア人が実感することは、平和条約の問題の解決の意義への理解に繋がるものであり、平和条約締結に向けたプロセスの一環です」と記されているが、これは日露関係を改善することによって北方領土問題解決の着地点を探るという典型的な「出口論」だ。

歯舞《はぼまい》群島、色丹《しこたん》島、国後《くなしり》島、択捉《えとろふ》島の日本帰属を確認してから平和条約を締結するという対露強硬派が主張する「入口論」から安倍首相も外務省も完全に訣別したことが今回の日露首脳会談の最大の成果である。

その結果、来年3月のロシア大統領選挙でプーチン大統領が再選された後、1956年の日ソ共同宣言に記されたソ連（ロシア）が日本に歯舞群島と色丹島を引き渡すという合意の実現が、外交の重要テーマになる。北方領土の一部が日本に返還される可能性がでてきた。

公開情報を注意深く読むことで、この程度の予測は可能になる。

本書を注意深く読めば、外交の基本文法を習得することができる。

佐藤　優

目次

第5章 沖縄と尖閣諸島をめぐる中国外交 159

第6章

先が見えない北朝鮮外交

序章 安倍政権のロシア外交をどう見るか

本格的に動き始める日露北方領土交渉

安倍首相が伝えた本気のメッセージ

北方領土交渉が本格的に動き始めるかもしれない。

2016年9月2日、ロシア極東のウラジオストクで行われた安倍晋三《あべしんぞう》首相とロシアのプーチン大統領との首脳会談の結果が、日本の国益に照らして有利と判断されるからだ。

日本側の基本戦略は、経済協力、国際問題に関する協力関係をこれまでと質的に異なる段階に高めることによって、日露間最大の懸案である北方領土問題の早期解決を図るというものだ。分かりやすく言い換えると、「経済協力、国際問題に関する協力、文化交流、人的交流、領土問題」を1つの籠に入れて「抱き合わせ販売」するというものだ。

ロシアが最も関心を持っている経済協力については、5月6日にロシア南部のソチで行われた日露首脳会談で、安倍首相はプーチン大統領に8項目からなる経済協力、人的交流などの包括的な関係発展プランを提示した。

日露の一部にはこの提案が「絵に描いた餅」になるという見方をする人もいた。そのような懐疑的な見方を一掃するために、安倍首相は、ロシア経済分野協力担当相を新設し、首脳会談前日の9月1日、世《せ》耕《こう》弘成《ひろしげ》経済産業相に兼務させた。

世耕氏は安倍首相の訪露に同行し、プーチン大統領との会談に同席したことでも、「安倍政権は本気でロシアとの経済関係を進展させようとしている」というメッセージを伝えることに成功した。

首脳会談の時間は全体で3時間10分であったが、そのうち55分間が両首脳に通訳だけが加わるテタテ（1対1）の会談だった。ここで北方領土問題について踏み込んだ話が行われたことは間違いない。

安倍首相は、記者のぶらさがり質問に答えて、「特に平和条約については、2人だけでかなり突っ込んだ議論を行うことができたと思う。新しいアプローチに基づく交渉を今後、具体的に進めていく、その道筋が見えてきた。その手応えを強く感じ取ることができた会談だったと思う。

70年以上にわたって平和条約が締結をされていないという異常な状況を打開をするためには、首脳同士の信頼関係のもとに解決策を見いだしていくしか道はないと思います。

そこで11月に開催されるペルーのAPECにおいて、首脳会談を行う約束をいたしました。その上で、12月15日に山口県にお迎えをして首脳会談を行う合意をいたしました。私の地元である長門《ながと》市において、ゆっくりと静かな雰囲気の中で平和条約を加速させていく、そういう会談にしていきたいと思っている」と述べた。

しかし、プーチン大統領の反応を見るならば、ロシアが北方領土問題で日本に譲歩を示す用意があることは明白だ。プーチン大統領は、9月3日、ウラジオストクで開催中の「東方経済フォーラム」の討論会に安倍晋三首相らと出席した。

> プーチン氏は安倍首相を「シンゾウ」と何回も名前で呼び、「親切で、信頼できる関係にある」と評価した。
>
> （2016年9月3日「朝日新聞デジタル」）

ところで、北方領土問題に関する日本政府の基本的な立場は、「北方四島に対する日本の主権が認められるならば、実際の返還の時期、態様、条件については柔軟に対処する」という内容だ。また、日露両国政府は、1993年10月の「東京宣言」で「四島の帰属に関する問題を解決して平和条約を締結する」ことに合意している。

安倍首相が、「新しいアプローチ」を強調するようになって以後、北方四島に対する主権確認を平和条約の条件とすることを首相官邸も外務省は主張しなくなり、「東京宣言」にも言及しなくなった。日本政府が目立たぬように注意しながら、北方領土に関する基本スタンスを変更しつつある。

領土問題解決への2つの可能性

それでは北方領土交渉は今後、どう進展していくのであろうか。2つの可能性がある。

第1は、中間条約だ。1956年の日ソ共同宣言で合意された平和条約とは別の条約を作る。名称は「日露第二共同宣言」でも「日露平和友好協力条約」でも構わない。そこでは歯舞《はぼまい》群島と色丹《しこたん》島の2島を日本に具体的に引き渡す時期を明示するとともに国後《くなしり》島、択《えと》捉《ろふ》島については継続協議にするとする。

しかし、この条約だと、北方領土問題を完全に解決することにはならない。従ってプーチン大統領が合意を取りつけるのが難作業になる。

第2は、2島返還で平和条約を締結し、国後島と択捉島の帰属確認に関する交渉の可能性があると読み込める条項を書き入れることだ。「日露両国は、合意による以外の国境線の変更を行わない」というような文言だ。

日本側は、将来、ロシアが合意するならば国後島、択捉島の帰属をめぐる交渉が可能になり、4島を諦めたわけではないと主張する。

ロシア側は、ロシアが合意にない限り未来永劫、現在の国境は変化しないので、日本との領土交渉はこれで終わったと主張する。そして、日露両国政府は、お互いの国内的説明については批判しない。

かなりの変化球だが、こういう形での北方領土問題解決に安倍政権が踏み込む可能性は十分あると思う。

プロの眼で見ると成功した日露首脳会談

自民党幹事長まで批判する異常事態

２０１６年12月15日、山口県長門市で、翌16日、東京で行われた安倍晋三首相とロシアのウラジミール・プーチン大統領の首脳会談については、マスコミの評価は「朝日新聞」から「産経新聞」まで厳しい。

マスコミは政府のやることのあら探しをするのが、「権力監視」という建前での仕事なので仕方がない。しかし、自民党幹部までが否定的な評価をするのは異常な事態だ。

与党内には不満が広がる。自民党の二階俊博《にかいとしひろ》幹事長は「そうそう甘いもんじゃないと思い知ったことは、ひとつの参考になるのではないか。経済問題も大事かもしれないが、人間は経済だけで生きているわけではないんだから、もう少し（領土問題に）真摯に向き合ってもらいたい。やっぱり、国民の皆さんの大半はがっかりしている」。別の党幹部も「日本は最後までロシアに振り回された。やはりプーチン大統領の方が上手だ」と指摘した。

（2016年12月17日「朝日新聞デジタル」）

外務省が日露首脳会談の結果について二階幹事長を含む自民党幹部にきちんと説明していないからこういうことになる。

かつて北方領土交渉に深く関与した筆者から見れば、今回の日露首脳会談は大成功だ。北方領土問題の解決に結び付く道筋を整える歴史的意義を持つ。

外交における成功や失敗は、当初に設定していた目標をどの程度達成したかによって評価される。日本政府は今回の首脳会談で形式だけでなく、実質的に領土問題、経済協力を含む重要事項について交渉できる環境を整えることを目標にしていた。この目標は十分に達成された。

真理は細部に宿るので、今回の首脳会談の細かいが重要な部分にスポットライトをあてて、その意味を読み解いてみようと思う。

プーチン発言に見る領土問題解決の道筋

２０１６年12月15日、長門市での首脳会談で安倍首相は、北方領土の元島民からの手紙をプーチン大統領に渡した。その中には、ロシア語で書かれた手紙があった。元島民という北方領土問題の当事者からの率直な想いにプーチン大統領は反応して、16日の共同記者会見でこう述べた。

「昨日（15日）、安倍首相と話をして、南クリル諸島（北方領土）の元住民の心に残る手紙を読んだ。私たちはあの島の『歴史的ピンポン』に終止符を打ったほうがいいと思う」

これは、プーチン大統領の北方領土問題解決に向けた重要な意思表明だ。それも決して空手形ではない。プーチン大統領の発言を注意深く読めば、北方領土問題解決に向けた道筋が見える。

共同記者会見で、プーチン大統領は、「（安倍）首相の提案を実現していけば、この島は日露間の争いの種ではなく、日本とロシアをつなぐ存在になり得る可能性がある。（中略）首相の提案とは、島での経済活動のための特別な組織を作り上げ、合意を締結し、協力のメカニズムを作り、それをベースにして平和条約問題を解決する条件を作り上げていく。

われわれは、経済関係の確立にしか興味がなく、平和条約は二次的なものと考えている人がいれば、これは違うと断言したい。私の意見では、平和条約の締結が一番大事だ」と述べた。

これは、歯舞群島、色丹島、国後島、択捉島で日露双方の法的立場を毀損しない形態の経済協力を行うことで信頼関係を強化し、1956年の日ソ共同宣言で合意された平和条約締結後の歯舞群島、色丹島の日本への引き渡しの環境整備をしていくという考えだ。

北方領土問題は「入口論」から「出口論」へ

この会見でプーチン大統領が日露関係の歴史について、1855年の日露和親条約から説き起こした。つまり江戸幕府と帝政ロシアの平和的な交渉の結果、この条約で択捉島とウルップ島の間に国境線が引かれ、北方四島が日本領になったという日露関係の歴史的起点を示唆するものだ。

1956年の日ソ共同宣言に基づけば、ロシアは歯舞群島と色丹島の日本への引き渡し義務を負っているにすぎないが、歴史的、道義的に日本が国後島、択捉島の領有に固執することには理解を示す発言だ。

ここから、国後島、択捉島について、日本に引き渡すことはないが、何らかの譲歩をすることを示唆している。

歴史と日本の国民感情に配慮するプーチン大統領の姿勢が滲み出ている。安倍首相もロシアに対して譲歩している。

具体的には、「四島の帰属に関する問題を解決して平和条約を解決する」という93年10月の東京宣言の内容を一度も述べなかったことだ。これは、四島の帰属問題に焦点をあてた「東京宣言至上主義」から、日本政府が離脱したことを示す重要なシグナルだ。

日露両国は、領土問題をまず解決するという「入口論」から、包括的かつ戦略的な関係を発展させて、その結果として近未来に領土問題の妥協的解決を実現するという「出口論」に交渉方針を転換したのである。

その結果、北方領土問題が近未来に現実的に動き出す可能性が出てきた。

第1章 北方領土外交を振り返る

対露外交にセンチメンタリズムは禁物だ

ロシア副首相の北方領土訪問に外務省は本気で抗議を

2011年5月15日、ロシアのイワノフ副首相、ナビウリナ経済発展相らが北方領土の択捉島、国後島を訪問した。これに対する日本外務省の対応が極めて稚拙だ。

5月15日に外務省の小寺次郎欧州局長がベールイ駐日大使に電話で遺憾の意を伝えた。翌16日に松本剛明《まつもとたけあき》外相がベールイ大使を外務省に呼んで抗議した。

外交の世界における抗議で、局長による電話の抗議はたいした重みがない。これに対して、外相が大使を呼び付けて行う抗議は最も重い。まず、小寺局長が電話で抗議を行い、世論の反応を見ながらレベルを上げるというように戦力の逐次投入をしてもロシアから軽く見られるだけだ。

外務省が本気で強く抗議をする意思があったならば、5月15日は日曜日であったが、松本外相が登庁し、ベールイ大使を呼び付ければよかった。

そもそも今回の事案について日本政府がこれほど高く拳を振り上げる必要があったのだろうか。イワノフ副首相は、

われわれの訪問は、誰かを憤慨させたり、何かを証明するものではなかった」と述べ、今回の南クリル諸島への訪問は、自身にとって3回目から4回目だと指摘し、「なぜか、これより先に私がここへ訪れた時には抗議はなかった」とコメントした。

（2011年5月16日ロシア国営ラジオ「ロシアの声」）

「これまで文句を言わなかったのにいきなり何だ」とイワノフ副首相は開き直っているのだ。なぜモスクワの日本大使館は、イワノフ副首相にきちんと働き掛け、北方領土訪問を取りやめさせようとしなかったのか。

自らの不作為を棚に上げ、ロシア要人が北方領土を訪問した後で拳を振り上げるだけならば、誰にでもできる。

筆者のところにクレムリン（ロシア大統領府）から、「ロシアは日本外務省に、日本の

国民感情も考慮してプーチン首相ではなく副首相以下のレベルでのクリル諸島（北方領土）訪問をあえて行うというメッセージを伝えた。それなのに日本はロシアの配慮を理解しようとしない。

過去にイワノフ副首相がクリル諸島を訪れたときに何の抗議もしなかった日本が、突然、拳を高く振り上げるのは、日本の国内向けのポーズだとロシアは見ている」という情報が入ってきた。

北方領土の共同経済活動を行う仕組みをつくるべきだ

さらにイワノフ副首相らの北方領土訪問に対する理由が不適切だ。

（外務省の）政務三役の一人は「イワノフ副首相らの訪問は予定通りで驚きはない」と述べながらも「震災後初めての要人訪問で、復興途上にある日本人の感情を逆なでするタイミングだ。到底受け入れられない」と反発。「日本が厳しい時でも国際社会は待ってくれない、ということだろうが、関係悪化は避けなければいけない」とも語った。

（2011年5月16日「アサヒコム」）

「東日本大震災からの復興途上でわれわれは苦しい状態にあるから、ロシア要人の北方領土は勘弁してくれ」というようなセンチメンタリズムをロシアは鼻でせせら笑うだけだ。筆者のところに入ってくる情報だと、政務三役だけでなく、外務官僚もこのような説明をしている。

現在、外務省で対露外交の実質的な司令塔になっているのは欧州局の上月豊久《こうづきとよひさ》参事官だ。5月18日、上月参事官は自民党の外交部会に出席して、

「今回のロシア側の意図をどう見るかは非常に難しいところだ。ロシア側は発展プログラムをチェックすると言っている。訪問先は港、空港などだ。イワノフは9人いる副首相のうち通信や運輸を担当している。一歩踏み込んでどこに意図があるか考えたときに、ロシア側は否定するが、やはり領土の主張と切り離せないもの、実効支配を強化しようとする試みだと受け止めている」

と述べている。

上月参事官が述べるようにロシアは北方領土の実効支配を強化しようとしているのだ。

それならば、それをどう阻止するかを現実的に考えなくてはならない。

「震災復興の途上だから……」という泣き言を述べるのではなく、外交交渉を通じて、日露双方の法的立場を毀損しない形で北方領土の共同経済活動を行うことができる仕組みをつくるべきだ。

スターリンは、「ロシア人は善良だ。ただし、その善良さは子どもと動物に対してしか発揮されない」と述べたという、日本はロシアに対して大人の外交を展開しなくてはならない。

前原政調会長の陰徳

北方領土交渉で重要な役割を果たした前原政調会長

民主党（当時）には、外交で自分が目立つことだけを考える自己中心的な政治家が多いという批判をよく耳にする。確かにそういう人もいるが、それは自然に淘汰されていく。外交の世界では能力主義が徹底している。

民主党の前原誠司《まえはらせいじ》政調会長（元外相）について、「目立ちたがり屋だ」という悪口を言う政治家や記者がときどきいる。政治家の場合は嫉妬、記者の場合は外交の実情をよく知らないが故に出てくる前原氏に対する誹謗中傷が、結果として国益を毀損することになる。誹謗中傷のために、日本外交の実力を等身大で見ることができなくなってしまうからだ。

日露平和条約（北方領土）交渉において、前原氏は非常に重要な役割を果たしている。ロシアで北方領土問題に関する決断をできるのはプーチン大統領だけだ。それだから、日本の当座の外交課題は、いかにプーチンを北方領土問題に本気で取り組む気にさせるかだ。

そこで重要なのが２０１２年６月にメキシコの20カ国・地域首脳会合（Ｇ20サミット）の際に行われる日露首脳会談だ。

外交ルートで、首脳会談の日程調整が行われているが、国際会議のときの日程調整は、時間がとても窮屈だ。日露首脳会談の時間は、通常30分である。ただし、通訳が入るので、実質的な会談時間は15分しかない。そうなると野田佳彦《のだよしひこ》首相（当時）の持ち時間は７分半しかない。７分半で北方領土交渉やロシアとの戦略的提携に向けた日本の考えをプーチン大統領に伝えることは不可能だ。

しかし、外交の世界では、不可能を可能にする技法がある。きちんと根回しをすることだ。

ロシア外務省関係者は前原氏のモスクワ訪問を評価

２０１２年４月29日から５月４日、ロシアのモスクワとサンクトペテルブルグを訪問した民主党の前原誠司政調会長が、見事な根回しを行った。前原氏は、あえて抑制的に陰徳の形で根回しを行った。仮に野田首相の親書を携行し、外交ルートで「ぜひ、プーチン首相を表敬し、首相親書を手渡したい」と伝えれば、ロシア側はそれに応えたと思う。

しかし、前原氏はあえてそのような目立つ手法を取らずに、プーチン大統領と直接会うことができる3人と面会し、北方領土交渉の本格化に向けて野田首相が強い意欲を持っているというメッセージを伝えることに専心した。

具体的には、旧知のラブロフ外相、ナルイシキン国家院（下院）議長（前大統領府長官）、さらにプーチンのインナーサークルの1人であるワイノ政府官房長官と会見した。

ワイノは、少年時代を東京で過ごし（父親がソ連通商代表部の職員）、モスクワ国際関係大学で日本語を学んだ日本専門家である。大学卒業後、外務省で勤務し、日本大使館でパノフ駐日大使の秘書を務めているときにプーチン大統領のアテンドを担当した。

プーチンは、ワイノの才能に目をつけ、大統領府に引き抜いた。

2011年12月27日、プーチン首相（当時）はワイノを政府官房長官に任命した。ワイノが日本の要人と会見するのは、前原氏が初めてだ。ワイノは、前原氏に個人的にも関係を継続していきたいと述べた。

今回構築された前原・ワイノの個人的チャンネルが、今後の日露関係においても重要な役割を果たす。

さらに前原氏は、ロシア正教会幹部で、保守思想界に強い影響力を持つイラリオン府主教（モスクワ総主教庁対外関係連絡局長）とも会見している。イラリオンもプーチンのイデオロギー策定チームの一員だ。イラリオンが外国の政治家と面会することも珍しい。

ロシア側は、前原氏が、一見地味な陰徳型の訪問を行ったが、それが日本側の大きな戦略に基づいて行われていると見ている。

野田・プーチン会談のいわば「仕込み」として、前原氏がプーチンに正確に情報が伝達される政治エリートを、政府、議会、教会、産業界（前原氏はメドベージェフ・ガスプロム副会長と会見）で的確に見極めているからだ。

前原氏の訪露後、筆者にプーチン・チームの幹部、さらにロシア外務省関係者から電話がかかってきて、「今回の前原さんのモスクワ訪問は実に見事だった。これでプーチン・野田会談の成功は、保障された」という評価を聞かされた。

こういう議員外交が国益に適う。

日露首脳会談と中国ファクター

日本側の周到な準備により短い会談時間でも成果が出る

2012年6月18日（日本時間19日未明）、メキシコのロスカボスで、野田佳彦首相（当時）とロシアのプーチン大統領が会談した。20カ国・地域（G20）首脳会議の合間をぬって行われた会談なので時間は30分だった。

ただし、逐次通訳が入るので、実質的な会談時間は15分だ。この制約条件の中で、野田首相は、よく頑張り、成果を上げた。

両首脳が「北方領土交渉の再活性化することで一致した」ことは、過去11年間、事実上、中断していた平和条約（北方領土）交渉を再び政治主導で開始するという政治的に大きな成果である（佐藤註、実際には野田首相もプーチン大統領も再活性化という発言をしていない。外務省が再活性化で合意したという作文をした。もっとも会議自体が成功したことは間違いないので、本稿の記述を変更する必要はない）。

もっとも、今回、この短時間の首脳会談で、プーチン大統領が北方領土交渉の再活性化に同意したのは、日本側が周到な準備を行っていたからだ。

4月29日から5月4日、ロシアを訪問した民主党の前原誠司政調会長が、プーチン側近のラブロフ外相、ナルイシキン国家院（下院）議長（前大統領府長官）、ワイノ政府官房長官（当時、現大統領府副長官）に会って「野田首相は日露関係の発展に強い意欲を持っている」というメッセージを伝えたからだ。

今回の日露首脳会談で、「領土問題を含む幅広い分野における二国間関係の発展について議論するために、この夏に玄葉光一郎《げんばこういちろう》外相をモスクワに派遣することで調整することになった」（6月18日、ロスカボスにおける長浜博行内閣官房副長官の記者ブリーフィング［説明］）。北方領土問題の突破口は、政治主導によってしか進めることはできない。

玄葉外相のカウンターパートとなるラブロフ外相は、政治家ではなく職業外交官だ。日露関係の過去の歴史的、法的経緯について（その中には日本にとって都合のよくない内容も含まれる）、ラブロフ外相は熟知している。

国際法的、歴史的な議論の迷路に迷い込むと、玄葉外相が対応不能な状態に陥ることになると筆者は見ている。そして、そこで北方領土交渉が頓挫する。外務官僚は、その責任を玄葉外相に被せる。

対露外交においては「気合いで何とかなる」は通用しない

1956年に日ソ国交回復がなされて以後、過去56年の間に北方領土問題について、両国の外交官は、国際法的、歴史的なあらゆる議論を行った。すべての議論が出尽くしたと言ってよい。そのような状況では、首脳の政治決断を行う環境の醸成が何よりも重要だが、玄葉外相がどこまでその意味を理解できているかについては、不安が残る。

ロシアを相手にする外交交渉について、幼児のような全能感で「気合いを持ってあたれば何とかなる」と勘違いしている政治家がときどきいるが、そういう冒険をすると国益を毀損する。他方、外務官僚は絶対にリスクをとらない。従って、官僚が作成した発言応答要領を読み上げるだけでは、政治決断の環境はできず、交渉は袋小路に陥る。

この夏、玄葉外相が大きな試練に直面することは間違いない。ここで重要なのは、戦略的に思考することだ。具体的には、2012年6月15日付朝日新聞朝刊に掲載された大野正美氏（機動特派員）の「記者有論　対ロシア外交微妙なサインを見逃すな」が興味深い。

6月5日の中露首脳会談について、シリア問題で中露が反欧米の立場で一段と団結を強

めたという見方について、大野氏は、

むしろ、中ロが主張の調子を変えた部分に注目したい。／メドベージェフ氏が大統領だった2010年の中ロ首脳会談は、台湾問題や旧ソ連圏の安定などを「両国の核心的利益にかかわる問題」の具体例にあげ、戦略的な協力を進めると共同声明で確認した。／「第2次大戦の結果変更を許さない」とも言及し、北方領土や尖閣諸島の問題で中ロの立場を正当化する狙いも指摘された。この声明前後の日中、日ロ関係は、漁船衝突事件やメドベージェフ氏の国後島訪問で大揺れだった。／今回の声明は一般論で「核心的利益」での協力をうたうだけで以前の強硬さはない。／(中略)今回のプーチン氏の真意は、核心的利益での中国との協力関係を薄め、日本や米国などアジア・太平洋地域の有力国と関係を強化することにあると見るべきだ。

と述べる。筆者も大野氏の見解に賛成だ。玄葉外相に、一度、大野氏の話を聞いてみることを勧める。

安倍新政権とロシア

対中国戦略で重要なロシアとの関係

２０１３年の日本外交の最大の課題は、帝国主義的な自己主張を強める中国をどのように封じ込めるかだ。もちろん「対中包囲網」とか「中国封じ込め」といった類の刺激的な言葉を用いる必要はない。巧みな外交によって、結果として中国を封じ込めるような環境をつくることが安倍新政権の課題である。

この観点で重要なのがロシアだ。中国が国際社会で確立したゲームのルールを一方的に変更しようとしていることにロシアのプーチン大統領も強い警戒感を抱いている。日露の戦略的提携を強化すれば、それは自動的に中国に対する牽制になる。この可能性を最大限に追求すべきだ。

２０１２年12月26日、ロシアのプーチン大統領が、安倍晋三首相に首相就任祝いの電話をかけ、約20分間の電話会談が行われた。

冒頭、プーチン大統領から安倍総理就任に対し祝辞の表明があり、安倍総理からは謝意を表した。プーチン大統領から、2006年、2007年のハノイAPEC、シドニーAPEC、ハイリゲンダムG8サミットでそれぞれバイの会談を行ったことを暖かく思い出している旨言及があるなど、会談は和やかな雰囲気で行われた。／安倍総理から、ロシアとの関係を重視しており、日露関係は最も可能性に富んだ二国間関係の一つであり、そしてその発展を政策の最優先課題の一つと考えている旨述べた。また、アジア太平洋地域の戦略環境が大きく変化する中で、日露関係の強化は、両国の利益に合致するだけではなく、地域の安定にとっても重要であり、安全保障、極東・シベリア地域を含む互恵的な経済協力等あらゆる分野でプーチン大統領と協力していきたいと伝えた。プーチン大統領からは、政治対話の活発化、貿易高の増加、エネルギー協力の進展等にそれぞれかなり具体的な言及があり、今後の二国間関係の発展に向けた総理の意欲を高く評価するとの発言があった。（外務省HP）

安倍首相もプーチン大統領も、それぞれの外務省が作成した発言要領に基づいた話をし

ているだけであるが、「プーチン大統領からは、政治対話の活発化、貿易高の増加、エネルギー協力の進展等にそれぞれかなり具体的な言及があり」と、ロシア側が安倍政権に対して強い関心を持っていることがうかがわれる。

森・プーチン会談で北方領土交渉の土台づくりを

ここで鍵になるのが2013年2月の下旬に予定されている森喜朗《もりよしろう》元首相の訪露だ。森氏は、安倍首相の親書を携行し、事実上の特使として訪露し、プーチン大統領と協議する。

プーチン大統領と森氏は、特別の信頼関係で結ばれている。森氏は、「ウラジーミルは北方領土問題について、『引き分け』による解決ということを言ったが、腹の中に具体的シナリオがあるのか」と尋ねると思う。

筆者の見立てでは、プーチン大統領は森氏と署名した2001年3月のイルクーツク声明に立ち返り、何らかの妥協点を見いだしたいというようなことを、漠然と考えているにすぎない。北方四島の帰属に関する具体的な腹案は持っていないと思う。

日本側にも双方が受け入れ可能な腹案はない。それならば、お互いにいかなる前提条件もつけずに、本格的な交渉を始めることが必要だ。

交渉の入り口で、領土問題についての解決案を見いだすことができないならば、交渉を進める中で、何らかの妥協を図る以外の術はない。

日本側としては、歯舞群島、色丹島は、1956年の日ソ共同宣言でソ連（ロシア）から日本への引き渡しが約束されているのであるから、後は国後島、択捉島に対する日本の主権もしくは潜在主権をロシアが認めれば、日露平和条約を締結することができると正面から主張すればよい。誠心誠意交渉をするうちに光が見えてくる。

首相官邸には、谷内正太郎《やちしょうたろう》内閣官房参与（元外務事務次官）、兼原信克《かねはらのぶかつ》内閣官房副長官補がいる。2人とも戦略的外交を構築する腹があり、同時にタフネゴシエーターだ。

この2人が安倍首相を支えているのだから、北方領土交渉に関しても日露首脳会談で安倍首相はプーチン大統領と本格的交渉を行うことができる。その環境を整備するために、2月下旬の森・プーチン会談は、極めて重要な意味を持つ。

北方領土交渉の成功に向けて

問題解決の枠組みが明確に

2013年4月29日、モスクワのクレムリンで行われた日露首脳会談で、日本側は所期の目標を達成した。

同日の共同記者会見で、安倍首相は、訪問の目的について、「①日露関係の将来的可能性を示すこと。②平和条約交渉（北方領土交渉）の再スタート。③プーチン大統領との個人的信頼関係の構築」と述べたが、いずれの目標も達成された。

特に、重要なのは、③の「プーチン大統領との個人的信頼関係の構築」である。

共同会見で、安倍首相が「プーチン大統領との間で今回、平和条約交渉を含めて幅広い問題について胸襟を開いて、じっくり話し合い、個人的信頼関係が生まれたと実感している」と述べた時に、隣席のプーチン大統領が深く頷いた。

この映像を通じて、日露両首脳間に信頼関係が確立されたことが広くロシア国民と国際社会に対しても可視化された。

共同会見で、安倍首相は、領土という言葉を用いなかった。日露平和条約交渉は、歯舞群島、色丹島、国後島、択捉島に関する帰属の問題が解決された上で締結されるということは、最高首脳を含む日露両国間で合意されている。従って、ロシアの国民感情を刺激する「領土問題」という言葉をあえて用いずに、平和条約交渉の再スタートという表現を安倍首相が用いたことは外交的に賢明な判断と思う。

今後の平和条約(北方領土)の進め方については、29日に両首脳が合意した「日露パートナーシップの発展に関する日本国総理大臣とロシア連邦大統領の共同声明」の第9項が鍵になる。

ここで、「両首脳は、日露パートトナーシップの新たな未来志向の地平を模索する中で、両首脳の議論に付すため、平和条約問題の双方に受入れ可能な解決策を作成する交渉を加速化させるとの指示を自国の外務省に共同で与えることで合意した」と定められている。

これで北方領土問題の解決は首脳間の政治決断で行われるという枠組みが明確になった。これから行われる両国外務省間の交渉は、これまでと質を異にするものになる。

「われわれ外交官では、これ以上、いくら誠実に協議してもまとめあげることはできません。後は安倍総理とプーチン大統領の交渉に委ねなくてはなりません」というように、政治決断に向けて問題を絞り込んでいくことが両国外務省の課題になった。

両国外務省の「交渉担当は次官級になると思う」（29日、世耕弘成内閣官房副長官のブリーフィング）とのことだが、そうなると日本側のキーパーソンは、斎木《さいき》昭隆《あきたか》外務審議官（ロシアとの関係で次官級という場合、日本では外務審議官がカウンターパートになる）になる。

斎木審議官はタフネゴシエーターで、安倍首相の信任も厚い。日本側の態勢については交渉進捗に期待が持てる。

首相側近の危険な発言

もっとも首相側近の北方領土問題に関する発言が、交渉を攪乱する危険性がある。具体的には、内閣官房参与の本田《ほんだ》悦朗《えつろう》氏の発言がクレムリン（露大統領府）で波紋を呼んでいる。露国営ラジオ「ロシアの声」が4月29日にこんな放送をした。

——内閣官房参与本田悦朗氏は「インターファクス」のインタビューに答え、ロシアとの領土問題について考えを示した。／本田氏によれば、「南クリル岩礁に対し日本が潜在的な主権を持っていることを将来的に認める用意がある」とのシグナルをロシアが送ることを、日本は期待している。／しかし諸島の行政的引渡しを即座に要求するつもりは日本にはない。／本田氏によれば、もしもロシアが「諸島に対する日本の潜在的な主権を将来的に認める用意がある」とのシグナルを出せば、「非常に大きな肯定的印象を日本社会にもたらすだろう」

（ロシア国営ラジオ「ロシアの声」）

報道から判断すると本田氏の発言は、1998年4月、当時の橋本《はしもと》龍太郎《りゅうたろう》首相がエリツィン大統領に対して行った「川奈秘密提案」を念頭に置いている。

2000年9月に訪日した際にプーチン大統領は川奈提案を拒否した経緯がある。プーチン大統領が明確に否定した提案を、マスメディアを通じて、ロシア側に検討しろと要請するのは常軌を逸している。

ロシアからのメッセージ

情報操作を行う勢力の意図とは

北方領土問題をめぐってロシアが奇妙な情報戦を仕掛けてきた。

2013年7月7日、ビザなし交流で北方領土・色丹島を訪れた日本代表団に対して、穴澗（ロシア名・クラブザボッコエ）村のセディフ村長が「今月15日にプーチン大統領が南クリル（北方領土に対するロシア側の呼称）に来ることになっている。もしも色丹に来たら、花束を持って迎える」と述べた。

この情報が翌8日、日本のマスメディアで報道されるとクレムリン（露大統領府）がただちに対応した。

ペスコフ大統領報道官は、来週、プーチン大統領がサハリン州を訪問する計画があるが、北方領土を訪問する予定はないと明言した。

筆者が独自にモスクワのクレムリンの内情に通暁《つうぎょう》する友人から得た情報でもプーチン大統領が北方領土を訪問する計画は全く存在しない。もっとも、セディフ村長が捏造情報を日本代表団に伝えたとは考えがたい。

大統領府以外のロシア中央政府（恐らくはプリホチコ副首相兼政府官房長官本人もしくはその周辺）もしくはサハリン州行政府の関係者が日付まで明示してプーチン大統領が北方領土のいずれかの島に上陸することになるという情報をセディフ村長に伝えたのだと筆者は見ている。

この情報がマスメディアを通して拡散することによって日本の世論が硬化し、平和条約（北方領土）交渉が袋小路に陥ることが、この情報操作を行った勢力の意図なのだろう。

本件に関し、露国営ラジオ「ロシアの声」が2013年7月17日に報じた論評の中で元駐日ロシア大使で、ロシアの対日政策に影響を与えることができるアレクサンドル・パノフ氏のコメントが興味深い。

――モスクワで先頃、プーチン・安倍会談が行われ、そこでは平和条約交渉を再開する事で合意がなされました。ロ日のどちらの側も、この交渉をめぐる雰囲気を感情的で興奮した、ましてネガティヴなものにしたいとは思っていません。まさにそれゆえに、日本外務省や首相官房の側から、プーチン大統領のクナシリ訪問に関するうわさについてのいかなるコメントも出されなかったのです。出したのはマスコミであり、彼らは彼らであり、そうした情報が好きなのです。（中略）

交渉の秘密が漏れることへの警告

残念ながら、日本では、交渉の過程あるいは新しい提案をマスコミに漏らすという傾向があります。これまでのことを見る限り、そうした漏洩《ろうえい》は否定的効果しかもたらしませんでした。なぜなら、そうした漏洩をまず利用するのは、そもそも領土問題に関する日ロ間の合意に反対する人々だからです。そうした勢力は、日本だけではなく、ロシアにも、さらには第三国にも存在しています。これが、デリケートな問題に関する交渉は非公開で行うべきだという、さらにもう一つの根拠となっています。

もちろん、通常、交渉に参加するどちらの側も、自分達の国益を損なうような譲歩をしたりはしません。しかし、お互い何らかの歩み寄りをする可能性はあります。そのために、外交官にもまた政治家にも、少なくない勇気が求められます。2001年イルクーツクでのプーチン・森会談で、双方は、南クリルの4島同時返還という強硬な要求を棚上げすることで合意に達しましたが、その後、森氏も交渉に参加した日本の外交官達も、国益を損なった裏切り者として非難されました。森氏は首相を辞任し、日本政府は再び従来の強硬路線に戻り、その結果、平和条約と南クリルに関するロ日交渉は、10年以上に渡り凍結してしまいました。そして今、日本側の立場が再びより柔軟になるのではないかという希望が見えています。しかし、交渉が成功のチャンスを持つためには、マスコミが『情報を投げ込む事』で交渉に影響がでないようにすべきだと思います。

2001年3月のイルクーツク日露首脳会談での合意を日本側が一方的に覆したとプーチン大統領は認識している。

領土交渉の秘密が守れないとプーチン大統領が安倍政権に対する不信を抱く可能性があるというメッセージを、パノフ氏は「ロシアの声」を通じて対露外交担当者に伝えていると筆者は見ている。

プーチン露大統領の訪日

靖国参拝に批判的姿勢を示したロシア

2014年1月21日、ロシアのラブロフ外相は、プーチン露大統領が安倍晋三首相からの訪日招待を受け入れたと述べた。

訪問時期について、両国の外交当局は今秋以降の年内で調整している。

プーチン大統領は2005年に公式訪日し、当時の小泉純一郎首相と会談した。プーチン氏はその後09年に首相として訪日しているが、ロシア大統領の訪日は国際会議などを除いて実現していなかった。日本の外交当局者は「プーチン大統領訪日を、北方領土問題解決の方向性を固める機会にしたい」と話しており、どこまで具体的な内容で合意できるかが焦点となる。

一方で、ラブロフ氏は中国の記者から安倍首相の靖国神社参拝について問われて

「地域の国々の関係正常化のためにはならないと我々は考えている」と批判。さらに「第2次大戦の結果に疑いを差し挟むことは、国連憲章に正面から反対することを意味している」と強調した。日本、ドイツなど敗戦国への武力行使を容認する国連憲章の「旧敵国条項」を念頭に、北方領土返還を求める日本を強く牽制する意図とみられる。

（２０１４年1月21日『朝日新聞デジタル』）

このタイミングで、ロシア側がプーチン大統領訪日を発表したのは、安倍首相が2月7日にロシアのソチで行われる冬季五輪開会式に出席する方向で調整を行っていることに対する感謝の意味がある。プーチン訪日で領土問題がどれだけ進展するかは、今後の日露外務次官級協議で北方領土問題に関し、どの程度の合意ができるかにかかっている。

ソ連崩壊後、ロシア政府は、戦勝国と敗戦国の区別に基づかず、法と正義の原則によって北方領土問題を解決するとしていた。しかし、２０１３年12月26日に安倍晋三首相が靖国神社を訪問した後、ロシア外務省は、公式ウェブサイトに、日本社会に世界で一般に受け入れられている第2次世界大戦の結果の評価と異なる偏った見解を押しつけようとする一部の勢力の企てが強まっていることを背景に、日本政府の長のこのような行為（靖国神社参拝）に対して遺憾の意を表明せざるをえない。

というルカシェビッチ報道官のコメントを掲載した。この声明で、ロシアは今後、戦勝国の立場から北方領土の領有を正当化していく意思を鮮明にした。

安倍首相によるソチ五輪訪問の意義

2014年1月31日に東京で日露次官級協議が行われるが、そこでロシア側は、第2次世界大戦をめぐる歴史認識問題を積極的に取り上げると思う。この交渉のロシア側責任者であるモルグロフ次官は、中国専門家だ。靖国問題で、対日強硬策に転換することを発案したのもモルグロフ次官と筆者は見ている。

今後、ロシア側は、1945年8月9日にソ連が対日参戦する前の同年6月26日に署名した国際連合憲章の対敵国条項に基づいて、ソ連による北方領土の領有を正当化するであろう。もっとも国連憲章が発効したのは同年10月24日なので、それ以前のソ連の活動を国連憲章によって正当化することには無理がある。

ロシア側が歴史認識問題を取り上げるならば、日本側としては、ソ連が当時有効であった日ソ中立条約に侵犯した事実を突きつけ、「あの戦争でソ連との関係において、日本は侵略された側である」と対応することになる。このような歴史認識をめぐる論争の深みにはいると、職業外交官は自己の立場に固執し、妥協が難しくなる。

この危険を安倍首相も外務省も理解しているので、2月7日の「北方領土の日」に東京で行われる北方領土返還要求全国大会に出席した直後にロシアに向け出発し、同日行われるソチ五輪開会式に出席する方向で調整を行っているのだ。

安倍首相が全国大会で、北方領土問題に関する日本政府の基本的交渉スタンスを主張すれば、ロシアのマスメディアは「日本が不当な領土要求を行っている」と反発するであろう。しかし、反発が拡大するには一定のタイムラグがある。安倍首相が2月7日にソチでプーチン大統領と首脳会談を行うならば、欧米主要国首脳が同日の五輪開会式に欠席する中で、安倍首相の存在がロシア世論に強く肯定的に印象づけられ、北方領土交渉の環境整備に資することになる。

ソチ日露首脳会談と対中牽制

ロシアメディアが報じなかったプーチン発言

2014年2月8日、ロシアのソチで行われた日露首脳会談を帝国主義的な勢力均衡外交の視座から見ると面白い。産経新聞モスクワ支局の遠藤良介記者の分析が鋭い。

ソチ五輪開幕式に合わせた安倍晋三首相の訪露はロシアで好感されている。ただ、プーチン大統領は6日、ソチを訪れた各国首脳の中で最初に中国の習近平国家主席と会談しており、日中両国を天秤（てんびん）にかけて国益の最大化を図る姿勢が鮮明だ。北方領土問題では、露外務省が日本側の受け入れられない歴史認識を振りかざし、日本に「譲歩」を迫る構図となっている。プーチン政権は「愛国主義」による支持基盤強化に動いてもおり、領土交渉を大胆に動かせる状況にはない。

中国国営新華社通信によると、プーチン氏は6日の中露首脳会談で「日本の軍国主義による中国などアジア被害国に対する重大な犯罪行為を忘れることはできない」と述べ、2015年に予定される戦勝70周年の記念行事を共同開催する考えを示した。ただ、露主要メディアはこの内容を報じておらず、日本を刺激することを避けたい政権の意向があったもようだ。

（2014年2月9日、MSN産経ニュース）

首脳会談の後、各国がジャーナリストに対してブリーフィング（説明）を行う。通常、自国首脳の発言を説明し、相手国首脳の発言については、必要最低限のことしか言わない。また、表に出さないことについては、会談終了直後に双方の事務方で合意する。プーチンの「日本の軍国主義による中国などアジア被害国に対する重大な犯罪行為を忘れることはできない」という発言について、中露は「表に出さない」という約束はしていない。

ロシア側としては、中国がこの発言を出すことは織り込み済みだということだ。こういう形で日本に「中国との外交カードとしてロシアを使うことは、そう簡単でない」というシグナルを送っているのだ。

興味深いのは、ロシアのマスメディアがこの内容を報じないことだ。確かにロシア政府は、日中対立に巻き込まれないように、細心の注意を払っている。しかし、ソ連時代と異なり、ロシア政府がマスメディアを全面的に統制することはできない。

NHK国際放送をプロパガンダに

米国、英国、ドイツ、フランスなどの主要国が、ロシアで同性愛宣伝禁止法が施行されているなど人権問題に対する不満から、ソチ・オリンピックの開会式に首脳を派遣しなかった。

そのような状況であるにもかかわらず、西側主要国である日本からは、リスクを負って安倍晋三首相が開会式に出席した。

そのことをロシアのマスメディア関係者も心の底から歓迎しているので、反日感情を煽るような報道については「ニュース性がない」という判断をするのである。

完全な独裁国家を除き、どの国でもマスメディアの論調が国民世論から極端に乖離することはない。新聞や雑誌は商業出版物なので、国民からそっぽを向かれるような内容だと、売れないからだ。テレビも視聴率が確保できなければ、広告が集まらない。

ロシアの日本に対する国民感情が改善している状況を最大限に活用して、日本政府から情報戦を仕掛ける必要がある。

その意味で、NHKの国際放送をもっと活用すべきと思う。「NHKでプロパガンダ（宣伝）を行うのか」という批判に関しては、「その通り。BBC（英国放送協会）国際放送、VOA（アメリカの声）など、民主国家を含め、国際放送の目的は自国の国益を増進するためのプロパガンダだ」と開き直ればよいと思う。

ロシアの場合、国営ラジオ「ロシアの声」（旧モスクワ放送）が、プロパガンダを行っている。その手法はBBC国際放送に近い（そもそもロシアのインテリジェンス活動が英国の亜流である）。客観報道と解説を中心とする。

ニュースの選択では、ロシアに不利になる内容をあえて入れて、聴取者を信用させる。解説はできるだけ中立を装うが、「ロシアの主張にも一理ある」という印象が残るようにする。

そして、ウエブサイトでニュースや解説を読めるようにする。NHK国際放送を「ロシアの声」型に転換すると外交的な武器になる。

動き出した日露関係

独自ルートを活用した森喜朗氏

日露関係が動き始めている。そのきっかけとなったのが、2014年9月10日、モスクワで行われた森喜朗元首相とロシアのプーチン大統領の会談だ。会談の席で、森氏は、安倍晋三首相の親書をプーチン大統領に手渡した。

森氏によると、プーチン氏は会談の席で親書を読み、「日本との対話はこれからも続けていかなくてはならない」と発言。「安倍氏によろしく伝えてほしい」との旨を森氏に重ねて述べた。／日露両政府が合意している今秋のプーチン氏の訪日については議題とならなかったが、プーチン氏は安倍氏との定期的な会談など、日露間の対話継続に意欲を示したという。

（2014年9月11日『産経新聞』）

今回の森・プーチン会談は、森氏が機転を働かせて、独自の人脈を用いたので実現した。２０１４年９月２日、ロシアのチェリャービンスクで柔道世界選手権が行われた。このとき観客席で全日本柔道連盟の山下泰裕副会長がプーチンに、「森喜朗元首相が来週、モスクワを訪れます」と話し掛けた。

するとプーチンは、「ヨシが来るのか。俺は聞いていない。安倍晋三首相はロシアに対して随分厳しいことを言うが、ヨシが来るなら、日本が何を考えているのか直接聞いてみたい」と答えた。

森氏の訪露については、モスクワの日本大使館がロシア外務省に外交ルートを通じて要請したが、その要請はプーチンに到達していなかった。森氏を外務省が本気でプーチンと会わせたいと考えたならば、日本大使館がクレムリン（露大統領府）に直接働き掛けなくてはならない。

現在の日本大使館のロビー能力には限界がある。

原田親仁《はらだちかひと》大使がウシャコフ大統領補佐官（外政担当）に働き掛けたくらいでは、森氏の会談要請はプーチンの耳には入らない。最低限、原田大使は、プーチンの盟友であるセルゲイ・イワノフ大統領府長官に面会して、会談取りつけに努力すべきであった。

現地の大使が大統領府長官といつでも会える関係を構築できていないような状態では北方領土交渉の進捗は期待できない。

モスクワの日本大使館の「実力」を熟知している森氏は、日本外務省のみに頼らずにいくつかの信頼できるルートも活用した。

例えば、在京のアファナシエフ・ロシア大使は、露外務省に対してのみでなく、クレムリンにも直接公電（公務で用いる電報）を打つ権限を有している。

森氏はアファナシエフ大使と接触して、山下氏から聞いたプーチンの発言について伝えるとともに会談要請を行った。プーチンの発言についてならば、アファナシエフ大使は必ずクレムリンに公電で報告すると森氏が計算したからだ。

クレムリンには、日本との関係を発展させたいと考えるグループと、日本との関係は冷却させたほうがよいと考えるグループが暗闘を展開している。

こういうときに駐日大使の意見具申がクレムリンに影響を与える。クレムリンのゲームのルールを熟知する森氏だからこそこのような働き掛けができたのである。

能力が基準に達していないモスクワ日本大使館

今回の会談において、プーチンは、森氏に訪日の意向を有していることを再度確認した。首脳レベルでの政治対話を継続する意志をプーチンが有していることを確認できたのは大きな成果である。

複数の日露関係筋から得た情報によると、ロシア外務省が事務レベル協議を中止したために事実関係に関する正確な情報がプーチンには入っていない。

ロシア外務省、クレムリンの双方に、情報をブロックする動きがある。

このような動きは、モスクワの日本大使館の能力が基準に達していれば封じ込めることができるはずだが、それができていない。大使交代を含む在モスクワ日本大使館の大幅な人事刷新を行わないと、官邸主導に対応した対露外交を行うことができない。

森・プーチン会談の影響は、2014年9月21日、プーチン大統領のイニシアティブにより、安倍首相との電話会談という形で表れた。この日は安倍氏の誕生日だ。

ロシア人は誕生日に友人に電話をする習慣がある。プーチンは、安倍首相を「個人的友人」と考えているというシグナルをこの電話会談で送った。

電話会談で、安倍首相は、プーチンに11月に北京で行われるAPEC（アジア太平洋経済協力会議）での首脳会談を要請し、プーチンは基本的に応じると回答した。

これにより、当初2014年年11月頃に予定されていたプーチン大統領の公式訪日は、準備が間に合わないために延期されることが確実になった。

ただし、APECにおいて首脳レベルでの日露政治対話が継続されるため、来年の前半にもプーチン訪日が実現される可能性が出てきた。

日露接近の動きに米国は警戒感を高め、水面下で日本政府に対する牽制を行うだろう。

もっとも2014年9月23日、シリア領内の過激組織「イスラーム国」（IS）支配地域に米国は空爆を行った関係で、ロシアともIS対策については協調しなくてはならない。

米国に日露交渉に本格的に干渉する余裕はない。

プーチン大統領訪日の可能性

安倍政権の真意を探るロシア

2015年6月20日、ロシアのサンクトペテルブルグで行われた世界の主要通信社幹部との会見の席上、プーチン大統領が日本にシグナルを送ってきた。

〈(プーチンは、) 北方領土問題について「どんな問題でも解決することは可能だ。そのためには対話が必要だ」と述べ、安倍晋三首相との会談に意欲を示した。会見に出席した共同通信の報道をロシアのタス通信が伝えた。／北方領土問題についてプーチン氏は「ロシアだけでは何もすることができない。日本側からの行動を待っている」と述べ、日本側からなんらかの打開案を示す必要があるという考えを示唆。さらに「ロシアと日本の関係が冷え込んでいる責任は日本にある」とも指摘した。ウクライナ問題を機に日本が対ロ制裁に踏み切ったことへの批判だ。／安倍首相とプーチン氏は昨年11月の首脳会談で、プーチン氏の今年中の訪日を目指すことで合意。しかし、ロシア側が大統領訪日の前提としている岸田文雄外相の訪ロのメドが立っていない。プーチン氏は、自身の訪日に向けた環境を日本側が整えるべきだと考えているとみられる。

（2015年6月20日「朝日新聞デジタル」）

一見すると、プーチンは訪日に強い意欲を示し、安倍政権に対して好意的シグナルを送っているが、真相はそうではない。対ロ外交に関して日本政府が錯綜したシグナルを送っているので、マスメディアを通じて安倍政権の真意を確認しようとしているのだ。

まず、ロシアが奇妙に感じているのが、2015年6月6日に安倍首相は、ウクライナの首都キエフを訪問し、ポロシェンコ大統領と会談したことだ。

この会談で安倍首相は、「対ロシア制裁を維持しつつ、対話と圧力を通じ、ロシアが親ロ派に対して建設的役割を果たすように働き掛けている」と強調した。「対話と圧力を通じ」という表現は、日本が対北朝鮮外交で専ら用いている表現である。

安倍首相は、この言葉を用いることによって、日本がロシアを北朝鮮と同じような国際社会の秩序を撹乱する国家であるという認識を示した。当然のことながら、このような発言に対して、ロシアは強い不快感を覚えている。

ロシア側は、安倍首相のウクライナ訪問を2国間問題として静観する姿勢を示した。ただし、世耕弘成官房副長官が、6月6日、キエフで行われた記者ブリーフィングで「われわれには共通の隣国がある。その隣国は、ウクライナにとってはクリミア併合やウクライナ東部の問題があり、日本にとっては北方領土問題を生じている」というポロシェンコ大統領の発言をあえて紹介したことに対して、日本がクリミア問題と北方領土問題をリンケージし、対ロ批判を強めるのではないかとクレムリンは警戒している。

ところが、日本・ウクライナ首脳会談の2日後の6月8日、ドイツのミュンヘンにおける記者会見で、安倍首相は、「北方領土問題を前に進めるために、プーチン大統領の訪日を本年の適当な時期に実現したい」と述べた。わずか2日間で、日本は、ロシアに対して、正反対のシグナルを送った。

国際情勢分析の「通常の文法」では、安倍政権の意図を読み解くことができない。

プーチン大統領は、安倍首相に対して、「ロシアだけでは何もすることができない。日本側からの行動を待っている」、「ロシアと日本の関係が冷え込んでいる責任は日本にある」と述べることにより、安倍政権はロシアとの提携強化を志向しているのか、それとも対決姿勢を示しているのか明確にせよと踏み絵を突きつけている。

明確な態度の表明を迫られる日本

プーチン大統領の年内訪日を安倍政権が実現したいならば、近日中にロシアに対して関係改善に向けたシグナルを送らなくてはならない。具体的には、日本政府の独自判断による制裁の一部解除（例えば、コザク副首相を制裁リストから外す）ことである。

ただし、対ロ制裁の一部解除を実施すると日米関係に悪影響が及ぶ。外務省で対ロシア外交の戦略を構築する杉山晋輔外務審議官（政務担当）がどのような知恵を出すかが鍵になる。率直に言うが、杉山氏から突破口を拓くような知恵は出てこないと思う。

日本は、ロシアと米国・ウクライナの間で二股外交を展開している。ロシアに「1人の人間が同時に2つの椅子に座ることはできない」ということわざがある。杉山氏は、安倍首相をまさに2つの椅子に同時に座らせようとしている。

そのために、米国を含むG7と共同歩調をとると口先で言いながら、実質的な対ロ制裁は行わず、ロシアとの良好な関係も維持しようとする曖昧外交を展開している。

しかし、2015年2月の追加制裁でコザク副首相を対象者としてしまったことにクレムリンが反発し、プーチンが「ロシアとアメリカのどちらを選ぶか」と踏み絵を突きつけてきたのだ。

米国との深刻な対立を辞せずに安倍政権がプーチン大統領の年内訪日を実現することは、ラクダが針の穴を通るのと同じくらい難しいと思う。

停滞する日露関係

北方領土問題には一言も触れず

2015年9月28日午後（日本時間29日未明）、米国ニューヨークの国連本部において、安倍晋三首相は、ロシアのプーチン大統領と約40分間、会談した。冒頭10分間は、1対1（通訳同席）の会談だった。外務省の発表によれば、日露関係については、以下の協議がなされた。

プーチン大統領から、日露関係はここ最近進展が見られる、両国の接触の機会もさまざまな分野で増えている、他方で貿易額には減少傾向が見られる、それでも日露両国の関係の改善に向けて潜在性があるとして、二国間のさまざまな両国間の協力について指摘があった。また、同大統領から、先週の岸田大臣の訪露による日露外相会談及び貿易経済政府間委員会の開催への評価の発言があり、10月8日に平和条約締結交渉を行うことを改めて確認した。
安倍総理から、プーチン大統領の訪日をベストな時期に実現したいという自分の気持ちは変わっていない、そのために平和条約交渉を中心とする政治分野と経済等の分野において成果を準備したい、そうした分野は、建設的で静かな雰囲気の中で進めていきたいと述べた。また、安倍総理から、先週岸田大臣がロシアを訪問した、シュヴァロフ第一副首相との日露貿易経済政府間委員会では、日露経済関係の進捗をレビューしたこと、ラヴロフ外相との会談では、平和条約締結交渉、すなわち領土問題について突っ込んだ議論を行い、10月8日に次官級の平和条約締結交渉を実施することで一致したこと、平和条約締結交渉を2013年4月の両首脳の合意に沿って進展させていく必要があることを述べた。

（2015年9月29日、外務省HP）

ここではプーチン大統領の側から、「北方領土問題」という言葉が、ひとことも出ていないことが注目される。
1993年10月の東京宣言では、歯舞群島、色丹島、国後島、択捉島の名称を明示し、

北方四島の帰属に関する問題を解決することに日露両国首脳が合意している。さらに東京宣言の内容を、01年3月のイルクーツク声明においてプーチン大統領は明示的に確認している。

しかし、現在、ラブロフ外相、日露次官級協議で北方領土交渉を担当するモルグロフ外務次官は、クリル諸島（北方四島と千島列島に対するロシア側の呼称）は、70年前、すなわち第2次世界大戦の戦後処理の過程で合法的にロシアに移転しており、日露間に領土問題は存在しないという立場を取っている。

腰が引けた日本外交年内訪日は実現せず

70年代末から80年代初頭、ソ連のブレジネフ書記長、グロムイコ外相は、北方四島がソ連に帰属することを日本が認め、根室半島と歯舞群島との間に国境線を画定して平和条約を締結するという立場を主張していた。ロシアの北方領土問題に対するスタンスは、冷戦時代のソ連に回帰している。

このような状況で、今回の首脳会談では、安倍首相が直接、プーチン大統領に「平和条約交渉に北方領土をめぐる領土係争の問題が含まれているという日露間の合意に変化はありませんね」と念押しし、プーチンから「ダー（然り）」という回答を引き出す必要があった。しかし、今回の首脳会談で日本側がそのような努力をした形跡が全くない。

一体、北方領土交渉を担当する杉山晋輔外務審議官は、どのような振りつけを安倍首相に対して行ったのだろうか。ロシアが強気に出て来たときは、日本も原則論をぶつけ、強く出なくてはならない。しかし、腰が引けている。10月8日、モスクワで日露外務次官級協議が行われた。

外務省の杉山晋輔外務審議官が8日、モスクワの外務省別館で、ロシアのモルグロフ外務次官と約1年9カ月ぶりとなる平和条約を巡る次官級協議を行った。ただ、北方領土問題を巡る議論は平行線に終わった。

会談は、昼食を挟んで8日夕（日本時間同日深夜）まで、約7時間続いた。会談後、杉山氏は「会談に非常に厳しい側面があったことは否定できない」「隔たりは大きい」と述べた。次回協議の日程についても具体的に決まらなかった。

（2015年10月9日「朝日新聞デジタル」）

北方領土問題に関して、杉山氏はモルグロフ氏に完全に押し切られた格好だ。

このような状態でプーチン訪日が実現しても、北方領土問題に関してロシアが譲歩する可能性はない。

安倍首相は、ロシアのプーチン大統領の年内訪日を調整していたが、10月中旬についに延期を余儀なくされた。杉山外務審議官の見通しの甘さのため、日本外交は醜態をさらすことになった。

もっとも、最近はウクライナ問題に加え、ロシアがシリアに本格的な軍事介入を行っていることをめぐっても米露関係が緊張している。

こうした状況で、日露関係が進展すると日米関係に悪影響を与える可能性があったので、プーチン大統領の年内訪日がなくなったことは、総体として見れば、日本の国益にかなっていると思う。

ロシアとの北方領土交渉で日米同盟に亀裂のリスク

クリミア併合を認める可能性

2016年10月3日の衆議院予算委員会で民進党の前原誠司衆議院議員と安倍晋三首相の間で重要なやりとりがなされた。

首相は前原氏から「領土交渉の中にクリミアの問題を絡めるのか」と問われ、「われわれが制裁をしているからといって、平和条約交渉が滞ることがあってはならない」「(北方)領土交渉の中でクリミア問題を議論することはない。これは明確にしておきたい」と述べた。

これに対して、前原氏はロシアのクリミア併合問題を中国の南シナ海問題などと並べて「力による現状変更」と指摘。日本の立場を問うた。首相は「現状変更の試みは認めるわけにはいかないというのが日本の一貫した立場だと私自身が主張している。他のG7の国々も日本、私自身への信頼は揺らいでいない、と確信している」と述べた。

ロシアに対して強い警戒感を持つ米国との連携について、首相は「日ロの平和条約は当然、日本が主体的に判断するもの。米国が『これをやりなさい』『これはダメだ』ということではない」と説明。一方で「日ロ交渉のいちいちすべてを米国と協議することはないが、基本的な考え方について米国と話すことは当然、同盟国として行わなければいけない」と語った。

（2016年10月3日「朝日新聞デジタル」）

民主党政権時代に外相を経験した前原氏は、北方領土交渉の機微に触れる部分について熟知している。それは、北方領土交渉によって日米同盟に亀裂が入るリスクだ。

日本政府が北方領土問題を解決するにあたって「日露両国が相互に国境（もしくは領土）を承認する」というような合意をすれば、結果として、日本がロシアによるクリミア併合を認めることになる。

その結果、対露外交政策をめぐって日米間に修復困難な問題が生じるおそれがある。

ロシアのプーチン大統領との信頼関係構築に前のめりになっている首相官邸と経済産業省に対して、外務省が本来果たさなくてはならない歯止めとして機能していないことに危惧を抱いて前原氏は、このような質問をしたのだと思われる。

4島の「帰属の確認」が「帰属問題の解決」へ

この質疑応答で、北方領土交渉の落としどころについても前原氏と安倍首相の間で重要なやりとりがなされた。

北方領土交渉をめぐり、前原氏から「ご自身の中に2島先行返還論はあり得るのか」と尋ねられると、「交渉は一貫した交渉姿勢、4島の帰属問題を明らかにして平和条約を締結するということに変わりはない」と述べた。

（2016年10月3日「朝日新聞デジタル」）

この答弁で安倍首相が「2島先行返還」を否定していないことが明らかになった。

なぜなら、「4島の帰属問題を明らかに」することについては、5通りの可能性（日4

露0、日3露1、日2露2、日1露3、日0露4）があるからだ。この中に「2島先行返還」も含まれる。

1956年の日ソ共同宣言では、平和条約締結後にソ連が歯舞群島と色丹島の2島を日本に引き渡すことが約束されている。この条件を満たすことで平和条約を締結しても「4島の帰属問題を明らかに」することになるからだ。

政府は、従来、「4島の日本への帰属の確認」を平和条約の条件としていたのを、なし崩し的に「4島の帰属問題の解決」にすり替えている。

北方領土は日米安保の適用外

ところで日米安全保障条約では、日本の施政が及ぶすべての領域で米軍が活動できることになっている。歯舞群島と色丹島の返還が実現した場合、この2島は日本の施政が及ぶようになる。当然、歯舞群島、色丹島においても米軍が活動できるようになる。

現在の米露関係の緊張を考えると、米軍の活動が歯舞群島と色丹島に及ばないことをプーチン大統領は引き渡しの条件にするであろう。

日本がこの条件を呑めば、日米安保条約の適用除外地域が生じることになる。安倍首相もこのリスクについては熟知しているようだ。

安倍晋三首相は（10月）31日、北方領土をめぐる日ロ平和条約締結交渉に関連し、「返還後の北方領土を日米安全保障条約の適用対象外とする案を検討」と一部で報じられたことについて、「そのような事実は一切ない」と否定した。衆院ＴＰＰ特別委員会で、近藤洋介氏（民進）の質問に答えた。

安倍首相は12月中旬に地元・山口県でロシアのプーチン大統領と首脳会談を行う。日本政府は北方四島の帰属問題を解決した上で、平和条約を締結することを目指している。

（２０１６年10月31日「朝日新聞デジタル」）

しかし、現実的に考えれば、返還された領土に米軍が展開しないということを日本政府が約束しない限り、ロシアは領土返還に応じない。

北方領土交渉で日本がロシアに対して、歯舞群島と色丹島を日米安保条約の適用除外にするならば、米国が「それならば中国との武力衝突のリスクを負う尖閣諸島は日米安保条約の適用除外地域にする」というカードを切ってくる可能性がある。

外務省幹部の発言から、このような難問について考えている気配が全く感じられないのが遺憾だ。

第2章 欧米では報道されないウクライナ情勢

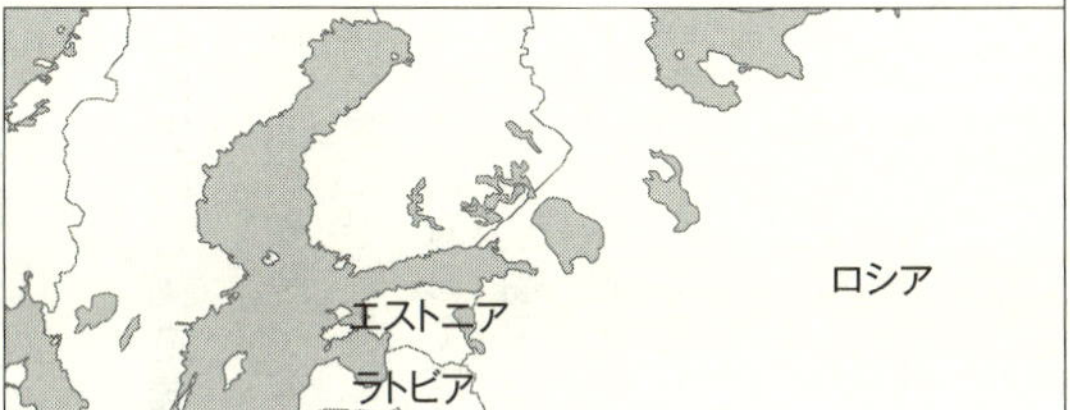

ウクライナ危機

国際秩序を乱すロシアの帝国主義的発想

ウクライナ危機が国際秩序を大きく変化させる可能性がある。

欧米の報道だけを読んでいると、ウクライナの現政権は、親露派で非民主的なヤヌコービッチ前大統領の圧政に対して立ち上がった民主主義者であるという印象を受ける。米国政府が完全にこのような立場を取っている。

2014年3月12日、米国のオバマ大統領はホワイトハウスにウクライナのヤツェニュク首相を招き会談した。


オバマ氏は会談後に「われわれはウクライナ側に立つ」と記者団に語り、米国がウクライナの主権と領土保全に協力する考えを示した。クリミア情勢については、「問題は、ロシアが軍事力で他国の地域を支配し、いい加減な住民投票をたくらん

でいることだ」と指摘。ロシアが事態を収めなければ「ウクライナへの侵略に対して国際社会は代償を求める」と明言した。／ヤツェニュク氏は「われわれは自由と独立、主権のために闘っている。決して屈しない」と強調。将来の欧州連合（EU）加盟に向けた「連合協定」の政治部分に署名することで「西側諸国の一員となる」と述べた。

（2014年3月13日「朝日新聞デジタル」）

オバマ大統領の認識は、半分正しいが、半分は間違えている。ロシアがウクライナの主権を無視していることは間違いない。ロシアの論理は、「ロシアにとって死活的な国益が毀損されるおそれがある場合、近隣諸国の主権は制限される」という制限主権論だ。こういう帝国主義的な発想は、既存の国際秩序を著しく混乱させる。

他方、クリミアの大多数の住民が、ウクライナの新政権を支持せず、ロシアの庇護を求めていることも間違いない。2014年3月4日のロシア国営ラジオ「ロシアの声」はこう報じた。

2013年末、ウクライナでまた「色の革命」が始まった。この引き金となったのは選挙によって法的に選ばれたウクライナのヴィクトル・ヤヌコーヴィチ大統領によるEU協定への署名拒否だった。西側の政治家とマスコミは、ヤヌコーヴィチに署名拒否を強いたのはプーチン大統領だと書きたてた。だが実際のところ、恐らくはヤヌコーヴィチ自身、EUと極めて不利な条件で協定を結ぶことでウクライナの農業、工業企業は破綻に追い込まれ、ウクライナ人はEU諸国で安価な労働力を提供するガストアルバイターに成り下がってしまうと認識したからだろう。これと似た状況は既にモルダヴィアで、バルト諸国で、旧ユーゴスラビア共和国で生じている。だが、マスコミや政治家に未来のEUでの美しい生活を吹き込まれたウクライナ市民はキエフの中心広場に出て、ヤヌコーヴィチに抗議の声をあげてしまった。これを西側諸国は利用した。当初は穏やかだった抗議集会は急進的なものへと姿を変えた。キエフへはウクライナの国粋的な組織から武装戦闘員らが派遣されてきた。こうした者らが英雄と讃えるステパン・バンデラとは、第2次大戦中にナチス・ドイツに協力したウクライナ人国粋主義者だ。バンデラの武装戦闘員らは占領されたテリトリーで数十万人もの「非ウクライナ人」、つまりポーランド人、ロシア人、ユダヤ人を殺害した。バンデラ主義者の残虐行為の犠牲者となったのは婦女、老人たちだった。

今、キエフに跋扈《ばっこ》するバンデラ主義者の信奉者らは流血の惨事を起こし、武器を持たない警官らに対し火炎瓶を投げつけ、治安維持部隊に暴力をふるい、銃を乱射している。ウクライナ政権に殺戮の罪をかぶせるために。そしてこれらすべてを西側のマスコミ、政治家らは「穏健な抗議」と呼んだ。生命の危険を覚えたヤヌコーヴィチがキエフから逃げ出した後、反体制派はあらゆる法的プロセスに違反して、新政府を樹立し、これに国粋主義者らの代表が入った。誰にも選ばれることなく政権の座についた者たちが最初にとった決定のひとつが、ウクライナでロシア語の使用を禁止することだった。これはロシア人が人口の半数以上を占めるクリミア自治共和国およびウクライナ南東部で激しい怒りを招いた。

（ロシア国営ラジオ「ロシアの声」日本語版ウェブサイト http://japanese.ruvr.ru/2014_03_04/268044483/）

ウクライナの危険性を過小評価する米国とEU

「ロシアの声」は国営放送なので、政府の方針に反する内容の報道はしない。しかし、ここで語られている内容は、事実無根のプロパガンダではない。

第2次世界大戦において、

「ソ連軍の中にはウクライナ人二〇〇万人が含まれていたし、ドイツ軍の中にも三〇万人のウクライナ人が含まれており、同一民族が互いに敵味方になって戦った」（黒川祐次『物語　ウクライナの歴史』中公新書、2002年、234頁）。

このナチス・ドイツ軍に加わったウクライナ人はユダヤ人虐殺に積極的に荷担した。ロシアが、今回、ウクライナの権力を奪取した中に、「バンデラ主義者」、すなわち一時期、ナチス・ドイツと提携し、第2次世界大戦後は、西ドイツに亡命してウクライナ独立運動を展開したステパン・バンデラ（1909～59）の崇拝者がいるのは事実だ。米国やEUは、ウクライナ現政権の危険性を過小評価している。

ウクライナ情勢の混乱

親露派の独自選挙強行にウクライナが反発

ウクライナ情勢が再度、混乱し始めている。

2014年11月2日、ウクライナ東部の自称「ドネツク人民共和国」、「ルガンスク人民共和国」を実効支配する親露派武装勢力が首長選挙を行った。

それぞれの現役の指導者を名乗るザハルチェンコ氏とプロトニツキー氏が当選したと発表。プロトニツキー氏の得票率は63・04%。ザハルチェンコ氏の正確な得票率は発表されなかったが68%前後とみられる。／ロシア外務省は3日、選挙について「われわれは住民の意思表示を尊重する」とする声明を発表し、結果を承認する考えを示した。欧米はウクライナ政府との停戦合意違反として独自選挙を一斉に批判。メルケル独首相の報道官は、ロシアが選挙結果を認めたことを「理解しがた

――い」とした。（ウクライナ東部マリウポリ＝喜田尚）

（２０１４年11月5日「朝日新聞デジタル」）

２０１４年9月5日にベラルーシの首都ミンスクで、中央政府と親露派の間で停戦協定が結ばれた。これを受けて、同月16日、ウクライナ最高会議（国会）が、同国東部のドネツク、ルガンスクに期限付きで自治権を付与する決議を採択した。

ウクライナ東部の紛争をめぐり、同国最高会議（議会、定数４５０）は16日、東部ドネツク、ルガンスク両州の特定地域に、３年間に限って大幅な自治権を付与する法案を賛成多数で可決した。独自の「民警」を持つ権限を与えるほか、12月7日に地方首長や議会の選挙を行うことなどを定めている。同国政権と親露派武装勢力の和平合意に盛り込まれていた東部の「特別な地位」を具体化するもので、親露派が受け入れるかが当面の焦点となる。／法案には他に、（１）地元検察と裁判所の人事への関与（２）ロシア語を使用する権利の尊重（３）ロシアの自治体との関係強化④復興に向けた特別措置の導入といった内容が盛り込まれた。適用範囲となる

「特定地域」は2州の州都など親露派の支配領域を指すとみられる。法案には277議員が賛成し、大統領の署名を経て近く発効する見通しだ。／ポロシェンコ氏は、法案の定めた3年間で懸案の地方分権改革を進め、東部情勢の長期的な正常化につなげたい考えだ。ただ、親露派の幹部はあくまでも東部の「独立」を追求する構えを崩しておらず、現状が固定化される懸念も強い。

（2014年9月17日、MSN産経ニュース）

要するに東部2州が、中央政府の指揮命令系統に従わない独自の警察を持ち、検察と裁判所の人事に関与し、首長と議会の選挙を行えば、準国家のような存在になる。ロシアのプーチン大統領が提案していた連邦化が事実上、実現することになるはずだった。しかし、親露派が首長選挙を強行したために、プーチンの計画は頓挫することになった。ウクライナのポロシェンコ大統領は、怒り心頭に発している。

――ウクライナのポロシェンコ大統領は3日、親ロシア派が停戦合意に反して独自選挙を行ったことに反発し、同派が支配する地域の「特別な地位」を定めた法律を廃止する考えを表明した。停戦合意の空洞化が進んでいる。／ポロシェンコ氏は3日夜のテレビ演説で、親ロシア派が2日に実施した独自選挙を「戦車と自動小銃の銃口を向けて、行われた笑劇だ」と批判した。（中略）親ロシア派支配地域では勝手にモスクワ時間が導入され、事実上の「ウクライナからの分離」が着々と進む。親ロ派は繰り返し「独立」を口にし、停戦を利用する形で当初の目的を遂げつつある。／親ロシア派の後ろ盾になっているロシアは、2日の独自選挙について、「全体として組織的に行われ、投票率も高かった」（ロシア外務省）と評価。当選した2人の指導者を住民の代表として認めるようウクライナ政府や欧州連合（EU）に求める考えだ。事実上の独立状態を獲得しつつあるドネツク、ルガンスク両州の現状を固定化する狙いがある。

（前出、「朝日新聞デジタル」）

ドネツク、ルガンスクの微妙な立場

親露派が、前倒しで首長選挙を実施したのは、この人たちが自称する「ドネツク人民共和国」「ルガンスク人民共和国」は、既に独立しているので、ウクライナの法律に従う必要はないという姿勢を誇示するためだ。

今回の選挙で鍵を握る人物は、「ドネツク人民共和国」のザハルチェンコ「首相」(自称)だ。1976年にドネツクで生まれ、炭鉱労働者(技師)を務めたということ以外、詳しい履歴は分からない。

9月5日の停戦協定は、ロシアのプーチン大統領がポロシェンコに強い圧力をかけて実現したものだ。この停戦協定をザハルチェンコに順守させることができないことが可視化された。プーチンにとっては打撃だ。

もっともこれによって東部2州で大規模な内戦が再発する可能性は低いと思う。ウクライナの中央政府も親露派も、内戦で2千人以上の死者が出たことには衝撃を受けているからだ。

ドネツク州とルガンスク州は、ウクライナの一部でもなければ、独立国でもない不安定な領域になった。このような状況に付け込んで武器商人や麻薬商人がこの地域で暗躍するようになるであろう。

プーチン露大統領の内外記者会見

米国との緊張高まりを覚悟

２０１４年12月18日、ロシアのプーチン大統領は、３時間に及ぶ内外記者会見を行った。

　ロシアは政治的意味で西側を攻撃してはおらず、自国の国益を守っているだけだ。プーチン大統領は18日、大記者会見でこう語った。大統領は、ロシアはいかなる攻撃的政策も行なっていないと述べている。／プーチン大統領は、ロシアがテロ上の危険対策として外国に有する軍事基地はキルギスとタジキスタンの事実上２カ所にすぎないと語り、ロシア空軍の戦略爆撃機については、飛行が開始されたのはわずか数年前であるのに対し、米軍機は警戒飛行をやめたことは一度もないと指摘した。／大統領は、米戦略爆撃機がロシアとの国境付近を飛行したため、ロシアはこれに対する報復として戦略爆撃機の飛行を再開したと語った。／プーチン大統領

は、国防省予算は増大し、来年5000億ドルになると強調する一方で、米国防総省予算は5750億ドルと指摘した。また、米国は東欧にミサイル防衛システムを展開し、ロシアに脅威をもたらしているとして、非難した。

（2014年年12月18日、ロシア国営ラジオ「ロシアの声」日本語版ウェブサイト）

西側を攻撃する意図はないと言いながら、米戦略爆撃機の飛行に対抗して、核兵器を搭載したロシアの戦略爆撃機を米国近くに飛ばすと宣言した。プーチンは、米国との緊張が強まることを覚悟している。

また、プーチンは、ロシア国内でディシデント（異論派、異分子）を弾圧しないと約束した。

ロシア政権は反体制者、政権の行動に同意しない者らの迫害を組織していない。プーチン大統領は18日、大記者会見でこう語った。／「公式的組織、（政権）組織の代表者の中でこれに従事する者は誰もいない。いかなる試みも指令も組織も決してなかったし、これからもない。いかなる迫害もいかなる人間に対しても一切行なわれていない。」／一方で大統領は、反体制派とは異なる世論の反応もありうるとして、次のように語っている。／「こうした立場に同意しない世論、市民らのなんらかの反応があるとすれば、今日、これと衝突する市民は、万人を非難する権利を手中に収めることはできないと理解せねばならない。そうした立場に賛同しない市民も存在し、彼らもまた非難の対象となりうる。」（同）

ディシデントの考えが、個人の内面にとどまる、ならば容認するが、ひとたび、デモや集会、さらに音楽のパフォーマンスなどになった場合には、関連法規を厳格に適用して厳しく対応するということだ。

鮮明になった欧米との対決姿勢

さらにウクライナについても含みのあることを述べている。

プーチン大統領は、ウクライナ危機解決の方法は平和的調整以外ありえないと語った。大統領は18日、モスクワの大記者会見でこう語っている。／「われわれはウクライナにおける全体的政治空間も復元されることを念頭においている。それがどんなものになるかは、現時点では言い難い。」／大統領によれば、危機は「解決されねばならず、政治的手段を用い解決される。経済封鎖だろうが、軍事力行使だろうが、そういった圧力を講じてではない。」／大統領は、ロシアはウクライナ南部東部への支援を続けて行くと強調した。「しかしわれわれは国際法の基盤となる原則に依拠せねばならない。それは市民が自分自身の手で自身の運命を決めるという権利だ。私が平和復興は政治的手段で行なわねばならないといったのは、意味のない単なる文言ではない。」／プーチン大統領は、平和復興には「双方がこれに邁進せねばならず、ウクライナ南部東部に住む人々を敬わねばならない」と語った。（同）

さらにプーチン大統領は、ルーブル急落などロシア経済の悪化は、クリミア編入と関係ないことを強調した。

――プーチン大統領は、ロシアの現在の困難な経済状況はクリミア編入への代償ではなく、民族、国家を守ろうとするロシアの希求への代価だとの見方を示した。大統領は18日、モスクワでの大記者会見でこう語った。／「これはクリミアへの報復ではない。われわれのごくふつうの願いである民族として文明として国家として自分を守ろうとすることへの代価だ。」／プーチン大統領はこれに関して、次のように強調している。／「ベルリンの壁崩壊、ソ連崩壊の後、われわれはパートナーらの前に完全に胸襟を開いた。」／「そして何を目にしただろうか？　北カフカスのテロリズムが直接的、大々的に支援されたではないか。パートナーはこんなことをするだろうか？　この場で詳細につっこむ気はないが、これは事実であり、このことは万人が知っている。」（同）

米国、EUによる対露制裁は、クリミア併合を口実としただけで、ロシアを2度と超大国にしないようにする米国とEUが謀略を展開しているという見方を示している。

この内外記者会見でプーチンは欧米との対決姿勢を鮮明にした。

「ネムツォフ暗殺」との戦い

いずれ暗殺されるという予感はあった

2015年2月27日深夜、ロシアのボリス・ネムツォフ元第1副首相が暗殺された。

元ニジュヌィー・ノブゴロド州知事で1990年代の第1副首相で、最近はロシア野党の最も目立った指導者の1人で、右派勢力同盟・パルナスの共同議長でヤロスラブリ州議会議員であったボリス・ネムツォフは、2月27日23時40分に首都の中心で狙撃された〈中略〉。

最初、犯罪者は白いフォード・フォーカスかフォード・モンデオに乗っていたという情報が流れたが、その後、白いラーダ・プリオラに乗っていたという情報が出た。少し後で、極めて粗いビデオ録画が公表され、どのように殺人がなされたかについて、説明することはできないと強く強調された。大統領付属人権評議会において、起こった殺人事件を記録映画のように再現するには、答えを見いださなくてはならないたくさんの問題があると指摘された。（2015年3月3日「イズベスチヤ」。ロシア語から筆者が翻訳）

筆者は、ネムツォフと面識がある。直接知っている人が殺害されショックを受けたが、率直に言って、ネムツォフはいずれ暗殺されることになるという予感を筆者は以前から抱いていた。

1997年11月にロシアのクラスノヤルスクにおいて橋本龍太郎首相とエリツィン大統領が非公式の日ロ首脳会談を行った。その席で、「東京宣言に基づき2000年までに平和条約を締結すべく全力を尽くす」というクラスノヤルスク合意が得られた。

1993年10月、エリツィン大統領が訪日し、細川護煕首相と署名した東京宣言には、択捉島、国後島、色丹島、歯舞群島の帰属に関する問題を解決して平和条約を締結すると記されている。この約束に基づいて北方領土問題を解決しようと、日ロ双方の多くの政治家、外交官が文字通り命懸けで頑張った。筆者もその1人だった。

当時第1副首相だったネムツォフは、クラスノヤルスク会談に立ち会い、その後、日ロ関係のロシア側窓口になった。それにもかかわらず、プーチン時代になってから、とんでもないことを言い出した。

2008年9月17日の「北海道新聞」朝刊1面トップにスクープ記事が出た。

ロシアの元第1副首相ボリス・ネムツォフ氏（48歳）は16日までに北海道新聞の取材に対し、在職中の97年、ロシア極東・クラスノヤルスクで行われた日ロ首脳会談で、エリツィン大統領（当時）が橋本龍太郎首相（同）に、北方領土の四島即時返還を提案した、と証言した。さらにネムツォフはこう続けた。〈ネムツォフ氏によると、エリツィン氏は97年11月1日のエニセイ川での船上の首脳会談で、橋本氏に「平和条約を締結し、われわれが領土問題をきょう解決すべきだ」と提案した。ロシア側で事前の調整はなく、大統領の独断という。提案に「四島」の言葉はなかったが、四島返還による即時決着と察知したネムツォフ氏らロシア側の同席者が大統領に翻意を懇願。大統領は最終的に「00年までになんとか締結するよう、考えさせてもらう」と表明し直した。〉

北方領土をめぐり歴史を捏造

この「歴史的証言」は大嘘だ。

本件では、鈴木宗男衆議院議員（当時）が2008年9月25日に以下の質問主意書を提出した。

①（中略）外務省は「道新記事」の内容を承知しているか。

②「道新記事」の中で触れられている、「提案」がなされたとされている97年11月1日の日ロ首脳会談（以下、「会談」という。）に出席した日本側の人物は誰か、その官職氏名をすべて明らかにされたい。

③「道新記事」の内容は真実か。エリツィン元大統領により「提案」がなされたという事実はあるのか。

④「道新記事」の中で、ネムツォフ氏が当時の「会談」におけるやり取りを明らかにしたことで、今後の日ロ間における北方領土交渉に何らかの影響はあるか。政府の見解如何。

この質問に対して、麻生太郎首相は、10月3日の閣議で以下の答弁書を決定した。

①について、御指摘の記事についてては承知している。

②および③について、御指摘のような「提案」がなされたとの事実はない。御指摘の日に行われた日ロ首脳会談には、日本側から橋本龍太郎内閣総理大臣（当時）、額賀福志郎内閣官房副長官（当時）、丹波實外務審議官（当時）および通訳として外務省職員が出席した。

④について、御指摘のような「提案」がなされたとの事実はなく、政府として、御指摘の記事がロシア連邦との間の平和条約の締結に関する交渉に与える影響はないものと考えている。

プーチン時代になって、ロシア政界の大国主義的傾向の高まりを察知したネムツォフは、エリツィンが北方領土を日本に引き渡そうとしたのを、体を張って阻止した愛国的政治家であるという印象を世論に植え付けるために歴史を捏造したのだ。

死者を悪く言うことは筆者の趣味ではないが、ネムツォフについては、自己の権力基盤を強化するためなら平気で嘘をつく人間だ。それだから、多くの人から恨まれている。

それがネムツォフがいつか殺されることになると筆者が予想した理由だ。

第3章

中東・ユーラシア地域を経済で見るロシア

中東の騒擾は民主化革命ではないと見るロシア

貧困、汚職、宗教、民族問題など騒乱の背景は千差万別

チュニジアから始まり、エジプトのムバラク政権を倒した民衆のうねりが拡大している。リビア、バーレーン、イエメンの政権も崩壊の危機に瀕している。

欧米や日本では、政府もマスメディアも一連の出来事を民主化革命と見ている。

これに対して、ロシアが一線を画した認識を示している。

ロシア国営ラジオ「ロシアの声」（旧モスクワ放送）の日本語版ＨＰ（http://japanese.ruvr.ru）を読むとロシア政府の見方が分かる。２０１１年2月21日付の「北アフリカと中東諸国で拡大する混乱　アメリカはダブルスタンダード」という論評が興味深い。

ロシアは中東騒擾《そうじょう》の原因をひとつに括ることはできないと考えている。

――何万人もの人々がデモに参加している原因はさまざまだ。チュニジアとエジプト

では、貧困と汚職が主な不満のもととなった。一方のバーレーンでは、宗教の違いが指摘されているほか、リビアとイエメンでは、地域の派閥間での争いが見られる。さらにヨルダンでは民族問題が解決されていない。なぜなら、権力を握っているのがヨルダン人であるのに対して、人口の大半を占めているのはパレスチナ人であるからだ。

モロッコ、アルジェリア、クウェート、イラクでも、それぞれ別の問題が存在している。

リビアは、各地域の派閥同士での対立が、内戦につながる可能性もある。そのような状況の下、欧州連合（ＥＵ）外相会議は、平和的デモに対する武力鎮圧を非難する声明を発表した。声明のなかでは、表現・集会の自由が、尊敬と保護に値する人間の基本的権利である、と述べられている。

そして、ロシアは中東の騒擾を民主化革命と見なすべきでないという立場を強調する。

――アメリカおよびＥＵは、北アフリカ、中東諸国における民主的改革の実施と国民に対する自由の付与を支持している。ロシア科学アカデミー東洋学研究所アラブ研究センターのアレクサンドル・フィロニク・センター長は、アラブ世界の現実が十分に考慮されていない、と指摘している。

——アラビア世界の市民社会は、発展したものではない。確かにいくつかのNGO組織などに関しては例外だ。それらの組織は限られた人員で運営される規模の小さなものであり、目的別に世論形成に携わっている。

アラブ諸国民には、自らの伝統と歴史があり、風土が存在する。そしてそれは多くの場合、西欧でみられるようなリベラルな価値観とは合致するものではない。そのような価値観の輸出は、状況を深刻化させるだけに終わる可能性もある。

米国のダブルスタンダードを理解するロシアの「大人の姿勢」

自由民主主義は普遍的な価値観ではないので、欧米は自己の基準を中東諸国に適用すべきでないという主張だ。もっともロシアはリビア、イエメンなどの強権的な現政権を支持するつもりもない。徹底的に様子見の姿勢を取っている。

ロシアは、中東産油国の騒擾により原油価格が上昇することを本音では歓迎している。

この騒擾の結果、イスラム原理主義勢力が台頭し、その影響がチェチェンやダゲスタンなどのロシア国内に及ぶことはマイナスであるが、原油価格上昇による利益のほうがはるかに大きいので、当面、様子見に徹することにしているのだ。同時にロシアは米国のダブルスタンダードに理解を示していることが、以下の論評からうかがえる。

さらにアメリカとその同盟国が、ダブルスタンダードをもっていることも注意しなくてはならない。というのも、アラブ諸国のすべての改革を歓迎しているわけではないからだ。例えば、アメリカ企業研究所の中東専門家、マイケル・ルービン氏は、バーレーンでの政権交代がアメリカにとって歓迎されないものであることを主張している。バーレーンではアメリカ第5艦隊の基地が存在しており、その基地撤退の要求がなされるようであれば、アメリカ国防総省にとって、代わりの基地を探すことが困難であるからだ。

ロシアは、中東における米国のダブルスタンダードは帝国主義国として当然のことという「大人の姿勢」を示しているのだ。

リビア情勢をめぐるロシアの思惑

内政干渉と米国を批判していたロシアが態度を豹変

リビアのカダフィ政権の崩壊は時間の問題だ。
２０１１年7月22日、米国のオバマ大統領は、

リビア情勢に関し「カダフィ政権は終幕に来た。リビアの未来は人々の手中にある」とする声明を発表した。抵抗を続けるカダフィ大佐に対し、これ以上の死者を出さないために、早期に投降するよう求めた。
（２０１１年8月23日アサヒコム）

これまでリビアの東部のみを実効支配していた国民評議会側の武装勢力が首都トリポリに突入したことを受け、オバマ大統領はカダフィ政権に対する「死亡宣告」を行ったのである。国民評議会を後押ししているのが米国であることは、公然の秘密だ。

これまでロシアは、米国の対リビア政策を内政干渉であると激しく批判していた。しかし、国民評議会側の勝利が確実になると態度を豹変させた。

2011年8月23日、ロシア国営ラジオ「ロシアの声」（旧モスクワ放送）の日本語放送が報じたロシア大統領特使のマルゲロフ氏による以下の見解が興味深い。

露大統領特使：「ロシアは今後も対リビア積極策を取り続ける」

アフリカ問題に関するロシア大統領特使を務めるミハイル・マルゲロフ氏は「ロシアは決して、リビア情勢において傍観者的立場を取ってこなかったし、今後もこの問題に関し積極的な政策を取り続けてゆくだろう」と述べた。

マルゲロフ大統領特使は又、ロシア政府が当初から、対立する双方の間の政治的対話を確立させようと、カダフィ政権側とも又反政府側とも協力してきた事に注意を促し、次のように指摘した――。

「ロシアにとって重要なのは、前の指導部が調印したあらゆる国家間契約が、支障なく遂行されるようにすることだ。ロシア政府とリビア政府は、エネルギー産業、石油ガス採掘領域及び軍事技術分野で協力関係にある。

暫定国民評議会指導部とベンガジで会談した際、彼らは、すべての合意は今後も効力を持ちつづけると請合った。」

（ロシア国営ラジオ「ロシアの声」日本語版ウェブサイト http://japanese.ruvr.ru/2011/08/23/55025269.html）

中東の民主化には全く関心を持っていないロシア

ロシアが積極的にカダフィ政権を支持してきたことについては口を拭って、国民評議会との間で、善意の仲介を試みたという印象を国際世論に植え付けようとしている。

さらに、リビアの新政権と石油、天然ガスに関するロシアの利権を保全することを画策している。それに加え、ロシアの兵器市場としてのリビアを保全しようとしている。

ロシアは、中東の民主化には全く関心を持っていない。リビアの混乱は、石油価格を上昇させる。それは産油国であるロシアの利益に適う。

リビアが英米と対立していた時期も、ロシアはカダフィ政権と良好な関係を維持していた。このときロシアとリビアをつなぐ重要な役割を果たしたのがＧＲＵ（ロシア軍参謀本部課報総局）だ。

ＧＲＵの駐在武官はロシア製兵器を販売する「死の商人」でもある。兵器の値段はあってなきがごときものだ。

ＧＲＵは兵器販売で潤沢な裏金をつくり、それでインテリジェンス工作を行っている。リビアに欧米型の民主主義が根付くことはないので、自由と民主主義という面倒な価値観を押しつける米国とリビアの新政府の間に軋轢が生じるのは時間の問題であるとロシアは見ている。

ロシアは、腐敗していて、非民主主義的な人権弾圧を行っている政権でも、リビアを実効支配する能力があるならば手を握る。

この傾向は、中東だけでなく、東アジアにおいても現れている。２０１１年8月15日の朝鮮解放記念日に、北朝鮮の金正日国防委員会委員長がメドベージェフ大統領に対して電報を送った。同日の「ロシアの声」は電報の内容について、

金正日氏は、朝鮮民主主義人民共和国とロシア連邦との関係が、相互利益と両国民の総意に基づいて発展していくことを確信していると述べている。

（ロシア国営ラジオ「ロシアの声」日本語版ウェブサイト http://japanese.ruvr.ru/2011/08/15/54656964.html）

と伝えた。金正日《キムジョンイル》はロシアと戦略的パートナー関係の構築を望んでいる。そのことを理解した上で、メドベージェフ大統領は金正日との首脳会談に応じたのだ。今後、露朝が反日提携を進める可能性を過小評価してはならない。

地球温暖化を歓迎する寒冷国のロシア

帝国主義的傾向を強めているロシア外交

ロシア外交が帝国主義的傾向を強めている。それが端的に現れているのが地球温暖化問題に対する姿勢だ。

寒冷国であるロシアにとって、地球が温暖化し、北極海の氷が溶けることは、大陸棚開発、北極海航路の商用化という点で利益がある。

この関係で2011年9月20日、ロシア国営ラジオ「ロシアの声」(旧モスクワ放送)が、日本に向けて放送したミハイル・アストリフ氏の「北極海航路が世界のロジスティックスを変える」(http://japanese.ruvr.ru/2011/09/20/56430181.html)と題する論評が興味深い。

――シベリア有数の港町であるドゥディンカでは、北極海を航行する船舶のための国際通行管理センターが設立された。最初にこのセンターを通過したのは、ディーゼル電気船「ザポリャールニイ」で、この強化砕氷船はコラ半島からロシア北西部や中国の上海に鉄鋼を輸送する業務に従事している。

この船が上海に到着するためには19日から20日かかるが、もしも従来どおりヨーロッパからスエズ運河経由のルートを取るとなれば、約65日もかかってしまう。それゆえ、ドゥディンカに国際通行管理センターが設けられたことによって北極海航路の整備が進み、リードタイムが短縮されることとなる。

ただ、気象条件が航路に影響を与えるのも事実で、北極南極学術研究センターのウラジーミル・ソコロフ専門家は、北極圏の厳しい気象条件について、次のように語っている。

「北極海航路の問題は、流氷が大量に存在していることです。確かに流氷がなく、スムーズに航行できる時期もありますが、1年のうちたったの1カ月か、おおくても1カ月半です。それ以外の時期には砕氷船が必要となります。ムルマンスクを母港とするロシア原子力船団は、自らの課題をしっかりと遂行しています。航行に必要な出力を十分に有しているのです」、世界に存在する原子力砕氷船10隻のうち9隻はロシアに所属している。2012年から2020年にかけてはさらに3隻以上の新世代原子力砕氷船が建造されることになっている。

（ロシア国営ラジオ「ロシアの声」日本語版ウェブサイト）

ロシアは原子力砕氷船により、北極海航路を商用化するという国家戦略を持っている。「ロシアの声」は国営放送なので、個人名の論評であってもロシア政府の方針と異なる内容の放送は行わない。この論評を日本に向けて放送すれば、日本から何らかの反応があるとロシアは考えているのであろう。論評の続きを見てみよう。

LNGカードを使って日露経済協力の可能性を模索

ウラジーミル・ソコロフ専門家は、外国からも北極航路への関心が高まっていると指摘している。

「国際社会は北極海航路の活用の可能性を検討しています。EU（欧州連合）も北極航路の研究を行う国際機関に資金援助を行っています。現在大型船舶が通過する

たびに、多くの注目が集まっており、活用の将来性に関する分析が行われていま
す」
また北極航路は北極海の天然資源の開発にも大きな役割を果たすと見られてい
る。ロシアの大陸棚にある資源は、石油換算で１０００億トンに上ると見られてお
り、石油や液化天然ガス（ＬＮＧ）として、アジア太平洋諸国への輸出が検討され
ている。
ロシア大統領府のセルゲイ・ナリシキン（引用者註・通常はナルイシキンと表記
される）長官は次のように述べている。
「アジア太平洋諸国とのエネルギー協力の発展は、ロシアにとっても戦略的な意味
を持っている。アジアでのエネルギー需要はヨーロッパよりも格段に急速に高まっ
ている。」
エネルギー会社は２０２０年までに北極海ルートを経由する輸送を６４００万ト
ン、２０３０年までには８５００万トンにまで増加させる計画を打ち出している。
その意味で、北極海航路の開発は、世界のロジスティックスに新しい時代を切り開
くこととなるだろう。
（ロシア国営ラジオ「ロシアの声」日本語版ウェブサイト）

福島第一原発事故後、日本が脱原発依存政策を取ることを見据え、ロシアはLNG（液化天然ガス）カードを切っている。

北極海航路をめぐる日露経済協力の可能性について野田新政権にシグナルを送っているのだ。

ＴＰＰに対してブロック経済の形成を狙うロシア

ロシアを盟主とするユーラシア地域の帝国主義的再編を目論む

２０１１年10月18日、旧ソ連構成国の一部によって構成されたＣＩＳ（独立国家共同体）の首相級会合がロシアのサンクトペテルブルクで行われ、プーチン首相は自由貿易圏創設に関する合意文書に署名した。

同19日、ロシア国営ラジオ「ロシアの声」（旧モスクワ放送）は本件についてこう報じた。

ＣＩＳの自由貿易ゾーン誕生に向け大きな一歩

18日、ＣＩＳ諸国の首相達は、ＣＩＳ首相評議会会議を総括し、独立国家共同体の枠内に自由貿易ゾーンを創設することに関する条約に調印した。

これに先立ち、会議で発言したプーチン首相は「重要なのは、共同体の枠内の貿易経済関係において新しい基礎が作られるという点だ」と指摘し、次のように続けた――。

「CIS諸国が、自由経済ゾーン創設に関する条約に調印したのは1994年のことだった。しかし、ロシアを含め多くの国々が文書を批准しなかった。それゆえ、事実上、条約は機能しなかった。新しい文書の作成作業は、ほぼ9年間行われたが、2009年から『大変集中的な形』で、それが続けられた。

条約は、調印国間の貿易経済関係の法的基盤の簡素化を規定し、現在共同体圏での自由貿易体制を定めている一連の多国間合意及び約100もの二国間合意に代わるものとなる。」

CIS首相評議会では又、CIS諸国内での通貨調整や通貨管理政策の基本的原則についての合意や、2020年までの鉄道輸送の戦略的発展のコンセプトに関する決定にも調印がなされた。18日には全部で、28もの文書の調印が行われた。

（ロシア国営ラジオ「ロシアの声」日本語版ウェブサイト http://japanese.ruvr.ru/2011/10/19/58955591.html）

プーチン首相は、自由貿易体制の強化という建前を掲げながら、ユーラシア地域に保護

主義的な関税同盟を設立しようとしている。ＣＩＳの枠内では自由貿易が行われるが、域外との間には障壁を設けるというブロック経済の形成をロシアは意図しているのだ。

これをロシアを盟主とするユーラシア地域の帝国主義的再編と言い換えてもよい。

ユーラシア同盟創設の背景には日本のＴＰＰ協議参加が

ロシアは本質において帝国主義国だ。

ロシア政治エリートの視座からは、世界が急速にブロック経済化しているように見える。深刻な国家債務危機を抱えているギリシャを追放せずに、ＥＵを維持するために最も現実的な方策は、ユーロの為替ダンピングを行うことだ。

現在のドル安は米ドルの為替ダンピングが原因とロシアには映る。

さらに野田佳彦政権（当時）が、ＴＰＰ（環太平洋経済提携協定）への参加協議に前向きの姿勢を示していることが、ロシアにはアジア太平洋地域における日米の帝国主義的再編のように映る。

日本人は日本の国力を過小評価する傾向があるが、客観的に見て、日本も帝国主義国だ。

１９８０年代にソ連は、日本を米国、西欧と並ぶ帝国主義の３つのセンターのひとつと見なしていた。東西冷戦体制が崩壊し、一時期、米国による一極支配体制が確立したかに見えたが、それは幻想で、現下の国際関係は、米国、ＥＵ、日本、中国、ロシアの５つの帝国主義センターの勢力均衡によって成り立っているというのがロシア政治エリートの認識である。

２０１１年10月４日、ロシア高級紙「イズベスチヤ」にプーチン首相が寄稿し、ユーラシア同盟の創設を提唱した。今回の自由貿易圏創設の動きは、ユーラシア同盟形成に向けた最初のステップである。

筆者はプーチン首相がこの時期にユーラシア同盟創設に向けて舵を切った要因に日本の協議参加によってＴＰＰが動き出したことがあると見ている。ロシアはＴＰＰを自由貿易体制ではなくアジア太平洋地域におけるブロック経済の創設であると認識している。

プーチン首相にとって、ＴＰＰこそが日米同盟の経済面における深化なのである。ＴＰＰが想定する域外は中国である。中国を牽制することはロシアの国益に貢献する。プーチン首相は現実主義者だ。ＴＰＰによって強化された日米同盟を利用して、中国を牽制し、ロシアの国益を極大化することを考えている。

当然、そのために北方領土問題で譲歩することをプーチン首相は考えている。

原油事情に関するロシアの分析

中国の景気後退も価格下落の要因

２０１５年１月７日、原油価格の国際指標となる米国産標準油種（ＷＴＩ）が、一時、１バレル＝４６ドル台と約５年８カ月ぶりの安値をつけた。

２０１４年７月までつけていた、１バレル＝１００ドル台に比べると半値以下になっている。

このような原油価格の急速な下落を産油国であるロシアはどう見ているのだろうか。

１月９日、露国営ラジオ「ロシアの声」が国際原油価格に関する興味深い論評を放送した。

――２０１４年、原油価格の下落は重要なテーマに挙げられた。原油価格下落の原因として、専門家は需要の構造が弱体化したこと、米国のシェール・ブームによって米国内の石油ガス採掘量が急激に増し、それによって供給不足（引用者註＊需要不足の間違い）が引き起こされたことを挙げている。2014年の最後には中国から届いたニュースが原油価格に一層の圧力を加えることとなった。／それは中国で12月、7ヶ月ぶりに工場セクターの生産量が縮小したというしらせだった。中国の工場生産量が下がったということは、世界第2の石油ガス消費国である中国のエネルギー需要がこの先下がるということを意味する。

（ロシア国営ラジオ「ロシアの声」）

興味深いのは、ロシアが米国のシェールオイルとともに中国の景気後退を原油価格下落の重要な要因と考えていることだ。

それでは、ロシアはどのような基準で原油価格を予測しているのだろうか。

原油価格によって受ける悪影響の度合いはその国の予算問題（予算がエネルギー資源輸出による収入にどの程度頼っているか）、および石油採掘問題（開発、採掘、輸送にどれくらい費用がかかるか）による。原油価格が低い場合、予算は赤字傾向になり、大陸棚、シェールなど、アクセルが困難な場所にある油田開発プロジェクトは採算が取れなくなる。ロシア経済はこうした基礎的なパラメーターに直接的に依拠している。石油ガス価格の予測はそんなに簡単なものではないことは分かりきったことではあるが、それでも専門家らは、予測を立てざるを得ない。2015年の価格の動きは一体どうなるのだろうか?／これについてロシア貯蓄銀行「ズベルバンク」のゲルマン・グレフ会長は2015年半ばには原油価格は安定してくるとの確信を次のように語っている。／「たしかに原油価格の動きは否定的なものだが、それもいつかは動きを止めるものだ。おそらく2015年半ばには原油価格は安定してくるだろう。」／国際エネルギー機関では、原油価格下落の傾向はまだ終わっていないとの見方が示されている。この予測によると、2015年初頭、原油価格は今の最低価格よりももっと下がる。

（ロシア国営ラジオ「ロシアの声」）

「ロシアの声」は国営放送なので、ロシア政府の立場に反する内容の放送はしない。ロシアとしては、今年前半は原油価格低下が継続するという以下のような見通しを示している。

ロシア石油ガス産業家連盟の上級専門家、ルスラン・タンカエフ氏は、原油価格に影響を与えうる要因として、次のようなものを挙げている。／「要因のなかでも非常に重要で、ある面では全く操作不可能なものがある。その筆頭がイスラム国だ。これが世界の石油市場に放る石油価格はあまりにも低く、事実上ダンピング価格となっている。なぜなら彼らが石油を売るのは武器弾薬を買うためだからだ。しかもサウジアラビアはまだ、米国のシェールオイルに対抗した闘いを続けている。このプロセスがまさに価格の低いレベルを決めているのだ。だが、近い将来価格は上がってくる。それは原油価格が低ければ消費も増えてくるからであり、それにしたがって需要と供給の関係も変わってくるからだ。」／原油価格下落で市場からプレーヤーの何人かは消えざるをえず、採掘量も落とさざるをえないことは除外できない。アナリストらは石油輸出国機構（ＯＰＥＣ）はニッチを米国のシェールオイルが奪うことを恐れて価格を下げないとにらんでいる。

（ロシア国営ラジオ「ロシアの声」）

中長期的には価格は安定へ向かう

ロシアは、シリアとイラクの一部地域を実効支配するイスラム教スンニ派武装組織「イスラム国」が、原油を盗掘し、ダンピング販売していることが、国際原油価格下落の要因という見方を示している。

それでは最終的に原油市場はどうなるのか。

エネルギー金融研究所経済学科のマルセール・サリホフ学科長は、この決戦で誰が生き残るかについて、次のように語っている。／「世界地図のように決まったひとつのシナリオを出すのは難しいことだ。様々な採掘のプロジェクトのポートフェリオはある。そのうちいくつかは原価が高くなり、今のような価格ではプロジェクトはうまみが無くなる。おそらく、こうした採掘では作業を停止する企業が出てくるだろう。だが、全体を見渡すと原油採掘は増加ではなく多少の減少傾向になると思う。それでも長期的傾向では、いずれにせよ、価格はたとえば北極や深海の大陸棚などの新たな産地での原価から考えて上がってくるはずだ。原油価格が低けれ

ば、こうしたプロジェクトは進行しようがない。」/エネルギー市場の発展の採掘から考えると、可視的将来には最低でも価格は安定してくると判断することができる。

（ロシア国営ラジオ「ロシアの声」日本語版ウェブサイト）

サリホフの言うとおり、原油採掘は若干減少しつつも原油価格は中長期的に安定してくると思う。

第4章

中東・中央アジアの新地政学

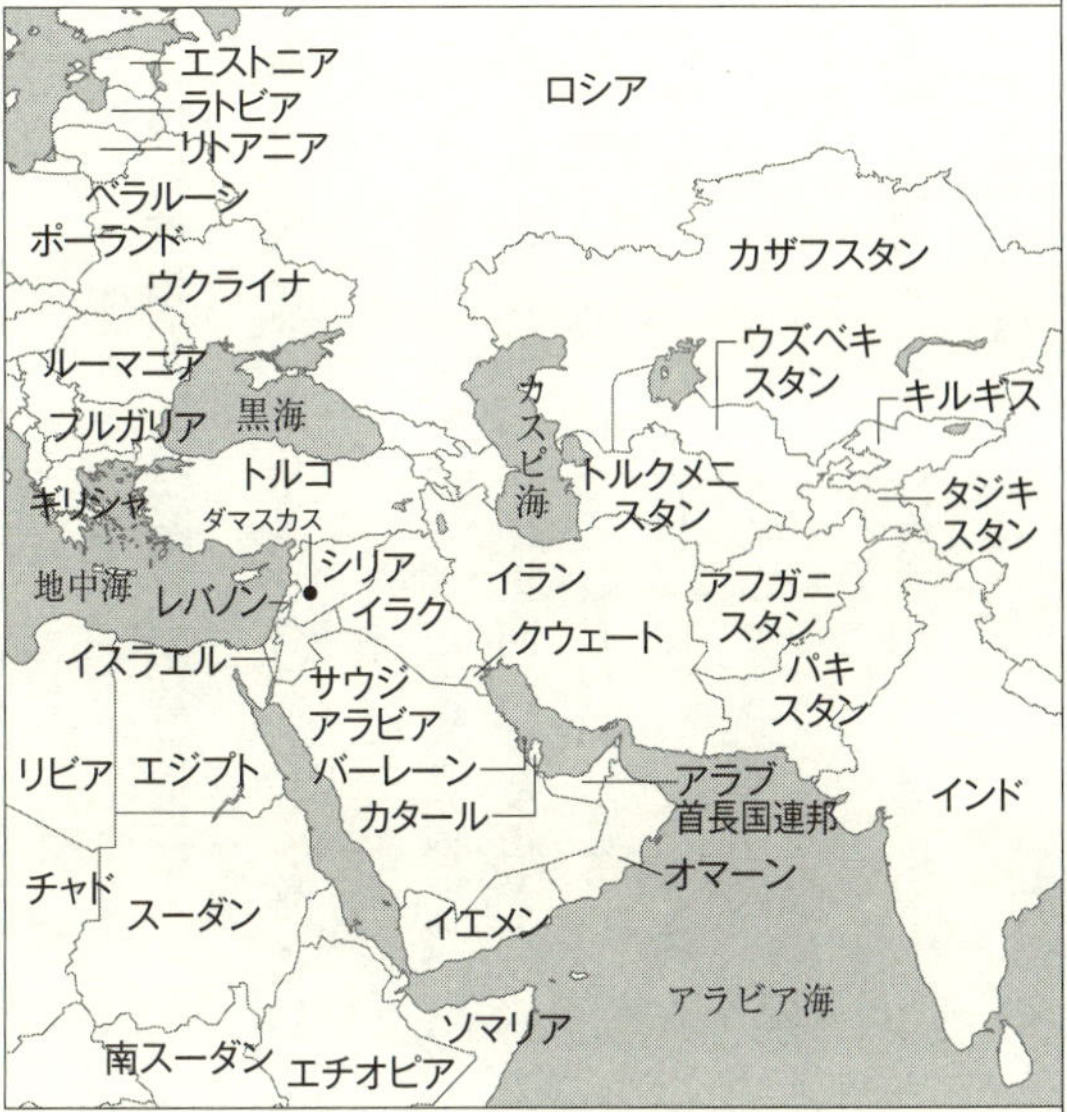

イランに対する経済制裁は効果を挙げているか

イラン制裁に対する野田首相の政治決断は国益増進に

ようやく日本政府も米国やＥＵと歩調を合わせ、イランに対する本格的な経済制裁に踏み切った。

浅野貴博衆議院議員（新党大地）の質問主意書に対して、２０１２年２月３日、「わが国は、イランが、国際社会の信頼を回復することなく、累次の国際連合安全保障理事会決議に違反してウラン濃縮活動を継続していること、ホルムズ海峡をめぐり挑発的な言動を行っていることなどを強く懸念し、こうした動きは、周辺地域の不安定要因となっているものと認識しており、米国を始めとする国際社会においても、深刻な懸念事項であるとの認識が共有されている」

と明記した答弁書を決定し、野田佳彦首相（当時）の名で発表し、イランに対する西側の包囲網に日本も参加する意思を明確にした。

質問主意書に対する答弁書は閣議決定を必要とする。日本政府の立場を拘束する内容になる。対イラン制裁に関しては核兵器の不拡散体制の維持を最優先すべきと考える勢力と、対イラン独自外交を尊重すべきとする勢力の間で綱引きが行われていたが、野田首相は前者をとった。

日米同盟深化にとってこの政治決断は前向きの意味を持つ。

筆者は野田首相の政治決断は、国益増進のために大きな意味を持つと考える。

もっともイランに対する経済制裁の効果について懐疑的な見方もある。高橋和夫放送大学教授は、

「EU諸国のイラン原油の輸入禁止措置により、イランの通貨の価値は半減した。しかし予想されたように、経済制裁にはイランの核政策を変える力はないようだ。少なくとも、制裁が政治的な効果を示し始めるには、まだまだ時間が必要なようだ」(『週刊エコノミスト』2012年2月28日号)と述べる。

「宗教的動機から核弾頭保有に踏み切る可能性もある」

しかし、筆者は高橋氏と異なる意見を持つ。

2012年2月中旬、中東某国からイラン情勢に通暁したインテリジェンス専門家が訪日したので、踏み込んだ意見交換を行った。

友人「現状で、イランは20%の濃縮ウランを100キログラム程度持っているとみられる。これで広島級原爆を4個製造することができる。イランは、既に核爆弾を作る能力を持っている。あとは、政治意思で最終段階に進むか否かだ。まず、核爆弾を製造するための高濃度の濃縮ウランを作るのに4~5カ月かかる。その後、核爆弾を製造するのに約1年、さらに弾道ミサイルに装着できる小型核弾頭を製造するのに約1年が必要とされる。そうなると、イランを封じ込めることが極度に難しくなる。もっともイラン指導部が合理的に行動するならば、高濃度ウランの濃縮を行わず、2年半程度で核弾頭を製造できる能力を保全しつつ、その先には進まないという形で外交ゲームを展開すると思う」

筆者「高濃度ウランの濃縮に進むか否かの最終的な意思決定を行うのは、ハメネイ宗教最高指導者かアフマディネジャード大統領か。あるいは2人の合議で行われるのか」

友人「ハメネイ宗教最高指導者だ。アフマディネジャード大統領は、核開発に関する権限を持っていない。すべてはハメネイの決断に依存する。その関連で、西側のイランに対する経済制裁は大きな影響を与えている。特にこれまで対イラン制裁に慎重だった日本が参加した意味は大きい。野田佳彦首相の政治主導による対イラン政策の転換を米国をはじめ国際社会は高く評価している」

筆者「しかし、経済制裁は効果を与えないと言う専門家もいる」

友人「恐らくそう言う専門家は、インテリジェンス関係者に情報源を持っていないのだと思う。イランの失業率は16％、インフレ率は年率24％に至っている。2012年3月2日に行われる国会選挙で国民の不安が表れるだろう。その後、国際的な圧力が強まれば、ハメネイ宗教指導者も、これ以上、リスクを冒すべきでないという合理的判断を行う可能性が高いと西側諸国のインテリジェンス専門家たちは見ている。ただし、一抹の不安は残る。それは、ハメネイが政治指導者ではなく、宗教指導者であるということだ。宗教的動機から、核弾頭の保有に踏み切るという可能性は排除されない」

イラン分析にあたってはインテリジェンス協力が不可欠だ。

国連安保理非常任理事国ポストを辞退したサウジアラビア

安保理を痛烈批判し改革を要求

国連安全保障理事会は、拒否権を持つ5大国（米露英仏中）と地域別のバランス（アジア2、アフリカ3、中南米2、西欧2、東欧1）を考慮した拒否権を持たない10カ国の非常任理事国によって構成されている。

非常任理事国は2年ごとに5カ国ずつ改選される。拒否権を持たない非常任理事国であっても安保理の会議で発言し、影響力を行使することが可能だ。

従って、どの国も安保理非常任理事国になりたがるというのが国連の常識だ。しかし、国連の常識に反する事件が起きた。

2013年10月17日、国連総会は、非常任理事国5カ国の改選を行った。

今回、任期満了を迎えたのはモロッコ（アフリカ）、トーゴ（アフリカ）、パキスタン（アジア）、グアテマラ（中南米）、アゼルバイジャン（東欧）だ。新たな非常任理事国にサウジアラビア（アジア）、チャド（アフリカ）、ナイジェリア（アフリカ）、チリ（中南米）、リトアニア（東欧）が選出された。

サウジアラビア、チャド、リトアニアが安保理ポストを得たのは初めてのことだ。中東の地域大国であるサウジアラビアは、シリアの反体制派を支援してきた経緯があるので、安保理でシリア問題を積極的に取り上げると見られていた。

しかし、翌18日、サウジアラビア外務省が、安保理非常任理事国のポストを辞退するとの声明を発表した。

声明は、安保理について「行動の仕組みや二重基準の存在でその責務を果たせず、平和と安全保障の崩壊をもたらし続けている」などと批判。シリアのアサド政権に対して化学兵器使用を理由とした制裁を科せなかったことやパレスチナ問題が「反論できない証拠だ」と強調し、「安保理が改革されて機能するようになるまで理事国を受諾しない」と宣言した。

（２０１３年10月19日『朝日新聞デジタル』）

背景にあるアサド政権打倒の目論見

このサウジアラビアの対応は、国際管理下でシリアの化学兵器を破棄しようという動きに水を差す。

10月11日、ノルウエーのノーベル賞委員会は、2013年のノーベル平和賞を「OPCW（化学兵器禁止機関）」に授与すると発表した。1997年に発効した化学兵器禁止条約に基づいて同年OPCWは発足した。この条約は、サリンなど化学兵器の開発、使用を禁止し、現在保有する化学兵器については段階的に全廃することを定めている。

本部はオランダの首都ハーグに置かれ、米国、ロシア、日本など国連加盟国のほとんど（現在190カ国）が加盟している。イスラエル、ミャンマー、南スーダン、アンゴラ、エジプト、北朝鮮がOPCWに加盟していない（ただしイスラエルとミャンマーは、化学兵器禁止条約には署名している）。

化学兵器を保有する加盟国は、貯蔵場所、数などを申告しなければならず、OPCWは化学兵器関連施設の視察や、兵器の破壊などを行う。職員数約520人の比較的小規模な国際機関だ。

外交、安全保障、軍事、インテリジェンスの専門家以外には、あまり知られていないOPCWが今回、ノーベル平和賞を受賞したのは、シリア情勢と関係している。

8月21日、シリアの首都ダマスカス近郊でサリンが使用された。米政府は、シリアのアサド政権が化学兵器を使用したと断定し、米軍による限定的なシリアに対する武力攻撃を宣言した。

これに対してアサド政権は、サリンを使用したのは反政府軍であると主張。アサド政権の主張に同調するロシアが、米国に国際監視下でシリアの化学兵器を破棄することを提案し、それが実現した。

これで米軍のシリアに対する軍事行動は、当面の間、回避されることになった。ノーベル賞委員会は、OPCWに平和賞を与えることによって「事態を軟着陸させ、シリアでの戦争を回避してくれ」というメッセージを送ったのである。

サウジアラビアは、国際社会と軋轢を起こしても、シリアの反政府系武装集団を支援し続けていくために安保理非常任理事国のポストを辞退したのである。

OPCWと国連のシリアにおける活動を頓挫させ、力によってアサド政権を打倒する機会をサウジアラビアはうかがっている。

中東の新地政学

イランが米国との協力を示唆

中東の地政学的構図が大きく変化し始めている。

2014年6月中旬から、アルカイダ系イスラーム原理主義過激派「イラクとシリアのイスラーム国」（ISIS）が、イラクで攻勢を強めている。

この組織は、もともとシリアで、サウジアラビアとカタールの支援を受けていた反体制運動にアルカイダ系の勢力が入り込んで国際テロ組織に発展した。

2014年6月3日、シリアで大統領選挙が行われ、アサド大統領が再選された。アサド政権は、シリアとイラクの国境地帯を実効支配できていない。

国際法が定める国家の要件は、当該国家が全領域を実効支配していることと国際法を順守する意思があることだ。現行国際法に照らして、シリアは国家の要件を満たさない「破綻国家」だ。

ただし、今回の大統領選挙の結果、首都ダマスカスからアサド大統領出身地であるシリア北西部にかけては、現政権の統治は揺るぎないことが明らかになった。

アサド政権が近未来に崩壊することはないという認識をＩＳＩＳも抱き、攻撃をイラクのマリキ政権に向けるようになった。

ＩＳＩＳは、スンニー派住民の心をつかんでいる。

もっともイラクのマリキ首相は、最初からスンニー派住民を同胞とみなしていない。それだから、スンニー派地域がＩＳＩＳの支配下に置かれても、そのままにしている。

マリキ首相は、出身母体であるシーア派（12イマーム派）住民の擁護と首都バグダッドの防衛だけを考えている。この「選択と集中」が功を奏しているので、マリキ政権はバグダッドを防衛することができる。

ＩＳＩＳがバグダッドを占領し、イラクに新政権を樹立する可能性はないと思う。

米国のオバマ政権は、国家でないＩＳＩＳを武力や外交圧力によって封じ込めることもできない。そこから出てくるのが、イランを活用することだ。

イランにとって、ＩＳＩＳがイラクとシリアの一部地域に拠点国家を建設することは現実的な脅威である。なぜなら、ＩＳＩＳは、12イマーム派を敵視し、力によって除去することを考えているからだ。

イランは、イスラーム革命防衛隊に所属する特殊部隊を密かにイラクに派遣し、現地の12イマーム派系武装集団を支援し、ＩＳＩＳを壊滅させようとしている。６月14日、イランのハサン・ロウハニ大統領は、

――イラクの要請があれば支援する用意があると表明した。国交のない米国との協力についても「検討することができる」と発言した。

（２０１４年６月14日「日本経済新聞」電子版）

さらに２０１４年６月17日、イラン国営「イランラジオ」が興味深い論評を報じた。

――テロ組織「イラクとシャーム（引用者註＊シリアの意味）のイスラム国」は、１週間前から、イラクであらゆる犯罪を行っています。彼らによるイラクの人々の殺

害、破壊行為に、今、国連からも非難の声が上がっています。国連人権高等弁務官は、「イラクとシャームのイスラム国や、彼らとつながりのあるグループは、イラクで戦争犯罪を行っている」と強調しました。

イラクとシャームのイスラム国は、目的を果たすためなら、あらゆる犯罪に手を染めるテログループです。／（中略）このテロ組織が制圧した地域では、男女や子どもの大量殺戮が行われています。しかし何よりも悲惨なのは、女性たちが、このテロ組織のメンバーによって性的暴行を加えられていることです。／（中略）サウジアラビアとカタールは、この3年間、シリアでのこのテロ組織の活動を支援してきました。そして現在もこのテロ組織は、彼らの支援によって、シリアとイラクでのテロや戦争を拡大しています。こうした中、このテロ組織が持つ過激な考え方により、遅かれ早かれ、彼らの犯罪がその支援国にまで及ぶことは間違いないでしょう。この問題に真剣に対処しなければ、その戦火は地域全体に及ぶ可能性があるのです。

中東にくぎ付けになる米国と日本への影響

サウジアラビアとカタールが支援するシリアとイラクの反体制派にアルカイダの影響が及んでいるので、それを排除するための国際連帯をイランが呼び掛けているのだ。

ここでイランが念頭に置いているのは米国との協力だ。

米国とイランの間には外交関係がない。イランの最高指導者ハメネイ師は、イスラエルが小サタン（悪魔）、米国が大サタンであるという立場を変えていない。そのような状況で、ロウハニ大統領は、「敵の敵は味方」という理屈で、米国との連携を訴えている。

オバマ政権は、イランとの提携に傾いている。このことが中東全域の地政学的状況を根本的に変化させることになる。

米国・イスラエル対イランの対立という基本構造を前提にこれまで中東では外交ゲームが進められてきた。米国と接近しても、イランはイスラエルへの敵視政策を変更するわけではない。イスラエルと米国の同盟関係に変化が生じてくる。

米国が中東にくぎ付けにされ、アジア太平洋地域を重視する戦略が当面、取れなくなる可能性がある。中東の情勢の変化は日本の安全保障環境にも直結する。

「イスラム国」との戦い

欧米諸国同様に打倒対象となった日本

2015年2月1日、動画サイトに、過激組織「イスラム国」の構成員と見られる男によってジャーナリストの後藤健二氏が殺害される映像が投稿された。投稿された画像で、ジハーディー・ジョン（聖戦士のジョン）と呼ばれる黒装束のテロリストは、

日本政府よ。／邪悪な有志連合を構成する愚かな同盟諸国のように、お前たちはまだ、われわれがアラーの加護により、権威と力を持ったカリフ国家であることを理解していない。軍すべてがお前たちの血に飢えている。／安倍（首相）よ、勝ち目のない戦争に参加するという無謀な決断によって、このナイフは健二だけを殺害するのではなく、お前の国民はどこにいたとしても、殺されることになる。日本に

――とっての悪夢を始めよう。

（2015年2月1日「朝日新聞デジタル」）

と述べてから、後藤氏の首にナイフをあてた。この発言に「イスラム国」の内在的論理が現れている。

「イスラム国」が目指しているのは、世界イスラム革命だ。

「イスラム国」とこの「国」を支持する人々は、唯一神アッラーの法（シャリーア）のみが支配するカリフ帝国（イスラム帝国）を本気で建設しようとしている。このためには、暴力やテロに訴えることも躊躇しない。テロリズム対策の専門家であるロレッタ・ナポリオーニ氏は、こう指摘する。

2014年夏、ローマ法王フランシスコは、各地で勃発した紛争の有毒な瘴気が世界に広がっているとして、第三次世界大戦は既に始まっていると述べた。この戦いは、20世紀に起きた2つの世界大戦とは似ても似つかない。むしろ近代以前の戦争、主権国家ではなく地方軍閥、テロリスト、民兵、傭兵による戦いを想起させる。彼らの究極の目的は、領土を征服し、住民や天然資源を搾取することであって、国民国家の建設はめざしていない。／こうした戦いには、塹壕もなければ、戦場すらない。兵士の行動をある程度まで規制する国際交戦規定も適用されない。ジュネーブ条約（戦時における傷病者と捕虜に関する国際条約）はゴミ箱に投げ給てられた。と指摘する（ロレッタ・ナポリオーニ（村井章子訳）『イスラム国 テロリストが国家をつくる時』文藝春秋、15年、１５８頁）。

この戦争において、既存の国際法、普遍的価値観などの国際秩序を順守する日本も、「イスラム国」による打倒対象にされている。

2月11日、米国のオバマ大統領は「イスラム国」に対する軍事力行使の承認を連邦議会に求めた。

決議案では、攻撃の期間を「3年」と定め、「長期的にわたる攻撃的な地上戦闘部隊は認めない」と一定の制限を設けつつ、一時的な地上部隊投入に含みを残した。議会で多数を握る野党共和党には、軍事介入の強化を求める声もあり、承認をめぐって曲折も予想される。／（中略）地上部隊については、既に空爆支援のため約3千人がイラクに駐留しているが、「長期にわたる攻撃的な地上戦闘部隊は認めない」とした。ただ、捜索・救出のための特殊作戦部隊や、空爆を誘導する統合末端攻撃統制官ら一部の地上部隊派遣には余地を残す内容だ。作戦地域はイラクやシリアに限定しない。

（2015年2月12日「朝日新聞デジタル」）

日本も非軍事分野で米国の行動を支援することになる。

対外情報機関によるテロ対策は非現実的

さて、「イスラム国」による日本人殺害事件を受けて、日本にも対外インテリジェンス（諜報）機関の設置が必要であるという声が上がっている。

――石破茂《いしばしげる》地方創生担当相は（1月）24日、テレビ東京の番組で、イスラム教スンニ派過激組織「イスラム国」が日本人2人を殺害すると脅迫した事件を受け、対外情報機関の創設を検討すべきだとの考えを示した。

（2015年1月24日「産経ニュース」）

しかし、日本の現状を考えた場合、対外機関がテロ対策を行うことは、非現実的だ。警察官僚の松本光弘《まつもとみつひろ》氏の以下の指摘が適切と思う。

既に対外諜報機関を持っている諸国においては、それがテロとの闘いで名脇役として活躍する場面も多い。しかし、それは既存の諜報能力を前提として考えた場合だ。わが国のような独自の対外情報機関を持っていない国にとって、国際テロ対策のため（だけ）に新たな対外機関を作るべき理由にはならない。／（中略）新たな機関を創設する際、内外区別の不毛性を何とか乗り越える制度的工夫をこらすという選択肢もある――しかし、実効性はまず期待できないと思われる。全くゼロからのスタートは現実的でないため、せいぜいが寄り合い所帯となり、組織内に壁ができるからだ。（松本光弘『グローバル・ジハード』講談社、08年、382～383頁）。

日本には現状において対外インテリジェンス機関は存在しない。少人数ではあるが、「イスラム国」を支持する日本人もいる。

このような状況では、警備公安警察による日本国内のテロリスト支持者と「イスラム国」の関係を厳重に監視して封じ込めることが重要になる。

テロ対策は、警察庁の担当部局を強化する方向で行うのが適切と思う。

中央アジアに「第2イスラム国」ができる日

内戦状態に突入したタジキスタン

タジキスタン情勢が緊迫しているが、日本のマスメディアではこのあたりの事情がほとんど報道されていない。それだから、筆者はロシア語の報道を注意深く読むようにしている。

タジキスタンのバフダット市で、警察署を攻撃した犯罪集団の参加者が拘束された。2015年9月12日、タジキスタンの首都ドゥシャンベ発のタス通信がこう伝えた。

タジキスタンの軍が土曜日の夜にバフダッド市の警察職員攻撃の参加者の1人を拘束した。このことについてタジキスタン内務省において（当局者が）タスの記者に伝えた。／「アブドゥハリム・ナザゾロドとその反政府集団とその共犯者に対する継続的な特別捜査の過程で、昨夜、4人の警察職員が死んだわれわれの警察官に対する攻撃に参加した戦闘員が拘束された」と内務省の職員が強調した。／タジキスタンのすべての力の機関が実行している反テロリスト作戦が続いている。そして、タジクの公式筋は、その直前に一連の地元の通信社が報じたナザゾロド犯罪集団の指導者の殲滅《せんめつ》について確認していない。／内務省と防衛省の施設に対する攻撃で警察官21人が死亡した9月4日から、叛乱《はんらん》した将軍の支持者100人以上が拘束され、数百の火器が押収された。武装抵抗の過程で21人の戦闘員を殲滅した。（ロシア語より筆者が翻訳）

警察官と戦闘員がそれぞれ21人死亡し、数百の火器が押収される事態は、既に内戦と考えたほうがいい。

少し前の話になるが、5月28日、タジキスタンで失踪していた同国内務省傘下の治安警察の司令官グルムルド・ハリモフ大佐が、インターネットを通じ、「イスラム国」（ＩＳ）への参加を表明し、「われわれはタジキスタンに戻り、シャリーア（イスラム法）に基づく国をつくる」と宣言した。この出来事についてＣＮＮはこう伝えた。

ワシントン（CNN）米国務省は31日までに、過激派「イラク・シリア・イスラム国（ISIS）」への加入や聖戦を宣言したタジキスタンのテロ対策担当の警察司令官だった人物が、同国や米国内で5回にわたり国務省が企画した対テロ訓練に参加していた事実を明らかにした。／この元司令官はグルムロド・ハリモフ大佐。新たに公表したネット上のビデオで訓練に加わるため3回、米国を訪れた過去を暴露。このうち少なくとも1回はルイジアナ州で実施されたと述べた。米国務省はこの主張が正しいことを確認し、訓練は2003～14年の間に実施されたことを明かした。／対テロ訓練は安全保障面で米国と協力関係にある諸国の警察や軍関係者らに最新のテロ対策戦術などを教示するもの。ISISなどの過激派を想定していた。／米国務省当局者によると、ハリモフ元司令官は米国内などで危機対応、特殊作戦の戦術管理や戦術指導者訓練などの課程を終えた。／元司令官はビデオ映像の中で、訓練参加中に目撃した事柄が米国への敵意を募らせる要因になったとロシア語で主張。「聞け、米国民よ。イスラム教徒を殺害するために兵士たちを訓練していることを見た」などとののしった。

（2015年5月31日「CNN」日本語版ウェブサイト）

中国における過激派の台頭を阻止できるか

中央アジアのキルギス、タジキスタンは事実上の破綻国家で、国内におけるイスラム原理主義過激派の策動を封じ込めることができない。

ウズベキスタンも、タジキスタン、キルギスと国境を接するフェルガノ盆地を実効支配することができていない。アフガニスタンには、「イスラム国」のテロリスト訓練基地ができているとの有力情報もある。

「イスラム国」の影響が、徐々に中央アジアに浸透している。

ここで懸念されるのが、この影響が中国の新疆《しんきょう》ウイグル自治区に及ぶ危険性だ。カザフスタン、キルギスと新疆ウイグル自治区の国境は、十分に管理されているとはいえない。

中国当局は、新疆ウイグル地区に漢民族の入植政策を強硬に推進し、ウイグル人の民族運動、イスラム原理主義的傾向に対しては、弾圧政策で臨んでいる。その結果、ウイグル民族の間には、中国政府に対する反発が強まっている。

このような状況を、今後、イスラム原理主義過激派が最大限に利用するであろう。

かつて、中央アジア東部と新疆ウイグル自治区は、「東トルキスタン」と呼ばれていた。新疆ウイグル自治区に対する中国政府の民族政策、宗教政策は成功しておらず、住民の離反を招いている。

こうした中、東トルキスタンに「第2イスラム共和国」が誕生する可能性が十分ある。中国は、南シナ海、東シナ海で挑発活動を繰り返しているが、中国の安全保障にとって、中央アジアとの西部国境地帯で危機が迫っていることに対する認識が弱いように思える。

日本は、中国と、新疆ウイグル自治区、中央アジアを横断する「第2イスラム国」形成の危険性について、戦略対話を行い、イスラム原理主義過激派の台頭を阻止することで中国と協力することは、日本の国益にも適う。

トランプ米大統領令でイラン核再開発の恐れ

国家的価値観を変えた米大統領

米国のトランプ大統領が国際社会の秩序を大きく変化させる可能性のある大統領令に署名した。

トランプ米大統領は2017年1月27日、米国へのシリア難民らの受け入れを一時停止し、さらに特定の国の入国ビザを制限する大統領令に署名した。核兵器や弾道ミサイルについての検証を含む米軍再建を指示する「覚書」にも署名した。

署名に先立ち国防総省で演説したトランプ氏は「われわれは米国を支援し、米国民を深く愛する者のみの入国を許可したい。9・11（米同時多発テロ）の教訓を絶対に忘れない」とした。

難民に関する大統領令は「外国テロリストの入国からの米国の保護」と題され、

シリア難民について「入国は米国益に有害だ」と指摘し、受け入れが国益に合致すると判断するまでは入国を停止するとした。シリア人以外の難民については今後120日間、受け入れを停止する。

（2017年1月28日「朝日新聞デジタル」）

シリアではアサド政権が反対派を残虐な手法で鎮圧している。シリアで生命の危険を感じている人々が、さまざまなコネクションを用いて外国に逃げ出している。もっとも過激派「イスラム国」（ＩＳ）が、難民に偽装したテロリストを欧米諸国に送り込んでいることも事実だ。トランプ大統領は、テロ対策を徹底するためには、難民が犠牲になることはやむを得ないという政治判断をした。これは、自由と人権を国家的価値観とした米国のこれまでの政策を大きく変更するものだ。

トランプ大統領は、この大統領令で、シリア、イラク、イエメン、リビア、ソマリア、スーダン、イランの7カ国をテロの懸念がある国に指定し、これらの国の人々の入国を90日間停止することを決めた。

潜在的なテロリストは既に米国内に多数いる。90日間、これらの国の人々の入国を停止することにより、米国の治安状況が劇的に改善されるとは思えない。

この大統領令に対して米国のエリート層が反発している。2月3日、米ワシントン州の連邦地裁は、難民や中東・アフリカの7カ国の国民の米国への入国を一時禁止したトランプ大統領の大統領令を一時的に差し止める決定を行った。

この決定により、現に有効なビザ（査証）があれば、入国が禁止された7カ国の人々の入国が認められることになった。

同地裁のロバート判事は今回の差し止めの決定は、全米で適用されるものとしている。ホワイトハウスのスパイサー報道官は声明で差し止めの決定を不服として、命令の執行停止を求める方針を明らかにした。

ワシントン州のファーガソン司法長官は1月30日、大統領令の無効化を求めて、同州の連邦地裁に提訴。ミネソタ州が2日、原告に加わった。トランプ大統領が、7カ国の国民らの入国を禁止したのは、明らかにイスラム教徒を標的にしたもので、移民や家族の権利を侵害しているとし、宗教の自由を保障した憲法に違反すると訴えていた。

大統領令を巡っては、ニューヨーク、マサチューセッツ、バージニアの3州がそれぞれ、同様の訴訟を起こしている。

米CNNなどにファーガソン司法長官は、「この決定はまさに、われわれが望んでいたものだ」と語った。入管当局は、航空会社に大統領令で入国を禁止された人の搭乗を認めるよう伝えたという。

（2017年2月4日「朝日新聞デジタル」）

イランとの関係見直しで中東情勢はさらに緊張

奇妙なのは、シーア派を国教としISと戦っているイランをテロの懸念がある国にトランプ大統領が指定したことだ。イランはこの措置に猛反発した。

イランのザリフ外相は1月31日、米国がイランなど7カ国の国民の入国を一時禁止したことへの対抗措置として、「米国人に対するビザの発給はしない」と述べた。イランメディアが伝えた。

（2017年1月31日「朝日新聞デジタル」）

もっとも3日のワシントン州連邦地裁の決定を受けてイランも対抗措置を緩和した。

イランのザリフ外相は5日、ツイッターで「米国のレスリング選手はビザを与えられる」と述べた。イランなど7カ国からの米入国を一時禁じたトランプ米大統領令に対抗し、16日からイランである国際大会への米選手の出場禁止を決めていたが、方針を一転した。ザリフ氏は米連邦地裁が大統領令の効力を一時差し止めたことを理由に挙げた。

米―イランは1980年から国交がないが、ともにレスリング強豪国で、国際試合などで交流を継続。米国選手の参加を認めるよう、イランのレスリング協会が嘆願書を出していた。（テヘラン＝神田大介）

（2017年2月5日「朝日新聞デジタル」）

オバマ前政権が、イランと連携し、ＩＳ解体を進めようとした路線をトランプ大統領は覆そうとしている。

このような調子で米国がイランを挑発し続けると、イランは、米国、英国、フランス、ロシア、中国、ドイツとのイラン核開発問題に関する合意を覆すリスクが高まる。

この合意が崩れるとイランは核開発を再開するので、中東情勢が著しく緊張するリスクをはらむ。

第5章 沖縄と尖閣諸島をめぐる中国外交

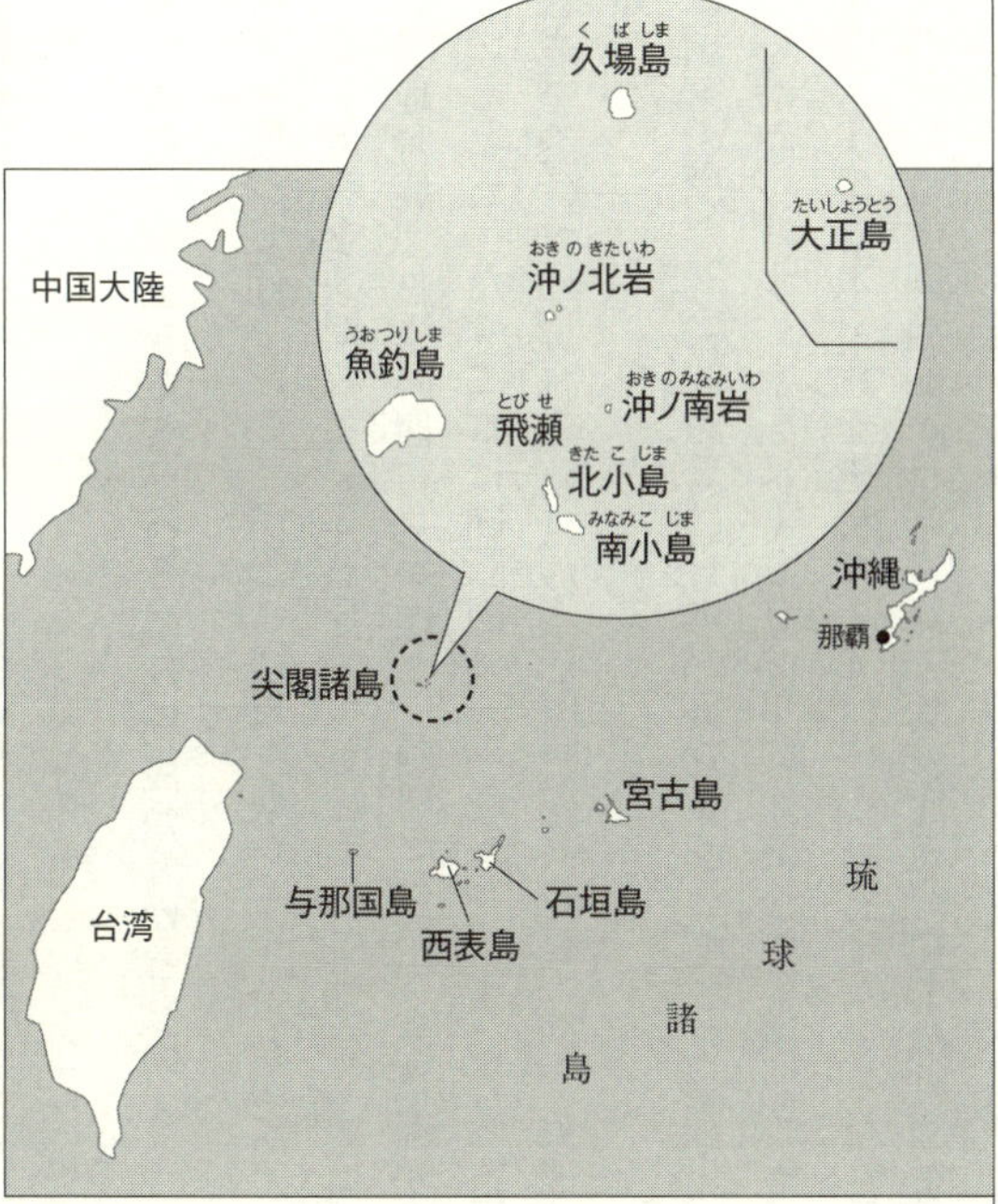

尖閣問題を第二の普天間問題にしてはならない

沖縄における領土保全を東京が行う論理構成が分からない

「よかれ」と思って行ったことが悪い結果をもたらすことがある。

米国ワシントンを訪問している石原慎太郎・東京都知事（当時）が、2012年4月16日午後（現地時間、日本時間17日未明）、講演を行い、東京都が尖閣諸島を購入する準備を進めていると述べた。これは国際的に大きなニュースになった。

この報道を受けて、17日、藤村修《ふじむらおさむ》内閣官房長官は、国が尖閣諸島を購入する可能性もあると述べた。

領土は国家の礎だ。尖閣諸島は日本が実効支配している日本領だ。

それにもかかわらず、中国は1992年の領海法で尖閣諸島を自国領に組み入れ、海軍力を増強し、尖閣奪取計画を進めている。

2010年には中国漁船と日本の海上保安庁巡視船の衝突事件が起き、日中関係が緊張した。現状が続くといずれかの時点で、尖閣周辺で日中の武力衝突が起きる。その意味で、尖閣諸島を国、もしくは沖縄県が購入するというのは筋が通っている。しかし、なぜ沖縄県における領土保全を東京都がやらなくてはならないのか、その論理構成が筆者には分からない。

本件に関する仲井真弘多《なかいまひろかず》・沖縄県知事の反応が興味深い。

仲井真弘多知事は17日午前、東京都の石原慎太郎知事が尖閣諸島（石垣市）の一部の島を購入すると表明したことについて「なんとなく安定性があるという感じがする」と述べた。那覇空港で記者団に話した。

尖閣購入をめぐり、東京都側と協議したことはないとし、「今も個人が所有し国が管理している。そういう形態が続くなら、特段ニュース性があるのか」と指摘。政府の意向を確認したいとの認識を示した。

都が所有することによる中国への影響については「そこまで考えたことはない」と述べるにとどめた。

（2012年4月17日、沖縄タイムス電子版）

沖縄で中国脅威論が稀薄なのは歴史の記憶によるもの

「なんとなく安定性がある」という仲井真知事の発言を、東京都による尖閣諸島購入計画を沖縄が歓迎している証左ととらえるのは間違いと思う。

仲井真知事の「今も個人が所有し国が管理している。そういう形態が続くなら、特段ニュース性があるのか」という発言は、東京都による購入について、ニュース性がないと突き放した評価をしたものと筆者は解釈している。

突然、尖閣諸島を東京都が購入するという話を聞いて、当惑する沖縄の民意を仲井真氏の「特段ニュース性があるのか」という発言が象徴的に示している。

普天間問題が暗礁に乗り上げてしまったのは、沖縄の民意に耳を傾けずに、日米両国政府が辺野古（沖縄県名護市）への基地移設を強行しようとしているからだ。

沖縄にとって死活的に重要な問題について、沖縄の同意なくして進めることはできないという「ゲームのルール」が沖縄人の間では政治信条の差異にかかわらず定着している。

尖閣諸島は沖縄に属する。それにもかかわらず、沖縄を抜きにして尖閣諸島の購入について話が進んでいることについて、「沖縄の主人はいったい誰なのだ」と疑念がわくのは当然のことと思う。

日本の一部の保守派が持っている中国脅威論が沖縄では稀薄だ。ここで歴史の記憶が重要になってくる。

日本と米国は、沖縄で戦闘行為を行い、沖縄人を殺害した事実がある。太平洋戦争だけでなく、1609年の薩摩（島津軍）の琉球入りを「琉日戦争」と表現する有識者もいる。

これまで島津軍侵攻は「琉球征伐」あるいは「琉球入り」と称され、はたまた「日本」の全国統一の一環だという意見まで存在した。／だがこの事件は、軍事力によって強制的に他の独立国家を征服した「侵略」「侵攻」であることは明白であり、現在の研究ではそのように認知されている。（上里隆史『琉日戦争一六〇九島津氏の琉球侵攻』ボーダーインク、2009年、12〜13頁）。

上里氏の見解は沖縄の有識者に共有されている。

日本と比較して、中国は沖縄を侵攻したことが一度もない。沖縄の領域で、中国の国家行為によって殺されたり、傷つけられたりした沖縄人は一人もいないのである。この歴史の記憶は今も生きている。

政府が沖縄の意向に耳を傾けずに尖閣問題に対処し、第二の普天間問題を抱える愚は避けるべきだ。

オスプレイ配備を強行すれば日米同盟に危機をもたらす

沖縄に対する差別的対応への疑念が拭えず

米軍が垂直離着陸輸送機MV22オスプレイを沖縄・普天間基地に配備しようとしている件が日米同盟に与える影響を、どうも野田佳彦首相（当時）は正確に認識していないようだ。

野田佳彦首相は16日、米軍が沖縄に配備予定の新型輸送機オスプレイについて「配備は米政府の方針であり、同盟関係にあるとはいえ（日本から）どうしろこうしろと言う話では基本的にはない」と述べ、日本側から見直しや延期は要請できないとの認識を示した。フジテレビのニュース番組に出演して語った。／首相は「わが国も例えば国土交通省や第三者の知見で安全性を再確認する。そのプロセスを飛ばして飛行運用することはない」と、政府として独自に安全性を検証する考えも示した。

（2012年7月16日、朝日新聞デジタル）

2012年8月5日には、沖縄でオスプレイ配備に反対する県民大会が予定されている。この大会は、日米安保条約に反対する左派系によるものではなく、安保を是認し、沖縄における米軍基地の存在を容認している保守系を含む沖縄全体の声を反映して行われる。日本の陸地面積の0・6％を占めるにすぎない沖縄県に在日米軍基地の74％が所在するという不平等な状態が続いている（その後、沖縄本島の北部演習場が返還されたので、2017年6月現在では70％）。

この不平等が放置されているのは、安全保障問題をめぐり沖縄に加重負担を負わせるという差別が構造化しているからだ。

最近、事故が続いて起きたオスプレイを安全性を十分に確認せずに沖縄に配備するという方針に関して、日本政府は米国政府に対して異議申し立てをしない。「沖縄以外の日本領にオスプレイが配置され、日常的に運用されるということになった場合、日本政府は同様の態度を取るだろうか。沖縄だから仕方がないというような差別的対応を取っているのではないか」という疑念が、保守、革新の壁を超えて、沖縄に存在する。

事故が起きれば「島ぐるみ闘争」に発展する可能性も

2012年7月1日、森本敏《もりもとさとし》防衛相が、沖縄を訪問した。仲井真弘多・沖縄県知事との会見で、森本氏はオスプレイ配備に理解を求めたが、知事は即座に拒絶した。会談後のぶらさがり会見で仲井真知事は記者に対して、

米国がオスプレイ配備を強行し、事故などが起きた場合は「(県内の米軍の)全基地即時閉鎖という動きに行かざるを得なくなる」と述べ、県民感情悪化への強い懸念を示した。

(2012年7月1日、MSN産経ニュース)

仲井真知事の懸念には、いかなる誇張もない。

沖縄に配備されたオスプレイに事故が起きれば、普天間基地にとどまらず、嘉手納基地、キャンプ・ハンセン、キャンプ・シュワブなどを含むすべての米軍基地の閉鎖を要求する「島ぐるみ闘争」が始まる。

要求に自衛隊基地の閉鎖が含まれる可能性も十分にある。
もちろん政権幹部で事態の深刻さを十分理解している人もいる。

民主党の前原誠司政調会長は（7月）13日の同党全国幹事長会議で、事故が相次いでいる海兵隊の垂直離着陸輸送機MV22オスプレイの米軍岩国基地（山口県岩国市）搬入や米軍普天間飛行場配備計画について、時期を遅らせることを念頭に再検討すべきだとの考えを示した。沖縄県や山口県が安全性を疑問視し、配備・搬入の中止を求めている中、強行された場合は「日米同盟そのものが崩れかねない」とした。野田佳彦首相や党幹部が参加する政府・民主三役会議の場やジョン・ルース駐日米大使との面談で再検討を求めたことも明らかにした。／政府は今月下旬に予定されている岩国基地への搬入を延期する方向で米政府と調整をしている。／前原氏は13日のBS朝日の番組収録でも米政府の配備計画を再検討する必要性に言及。「これだけの事故の多い機種を米国から言われた通りに導入すれば、基地に協力している山口、沖縄両県などの（非協力に転ずる）潮目になる可能性がある」と指摘した。／11日にルース大使と面談した際に、「徹底的に安全調査をした後に配備し

——「ないと日米安保が根底から崩れる」と伝えたことを明らかにした。ルース氏は「重く受け止める、本国に伝える」と応じたという。

（2012年7月14日付琉球新報電子版）

前原氏のラインで一刻も早くオスプレイ問題を軟着陸させることが国益に適う。

尖閣問題を中国と協議せよ

ICJへの竹島問題提訴は正しい戦略

2012年8月10日、韓国の李明博《イミョンバク》大統領（当時）が竹島に上陸した。竹島はわが国固有の領土であるが、韓国によって不法占拠されているというのが日本政府の立場である。

これに対して韓国は、「独島」（竹島に関する韓国側の呼称）が歴史的、国際法的に韓国領であることは明白で、しかも韓国が「独島」を実効支配しているので、日本との間に領土問題は存在しないというのが公式の立場だ。

しかし、李明博氏より前の韓国大統領が竹島に上陸したことはなかった。係争地に国家元首が上陸し、日本を刺激することを恐れたのである。

国際情勢が帝国主義化し、各国のエゴイズムが強まっている。客観的に国力を見れば、韓国は中堅国だ。帝国主義政策を展開する力はない。

それにもかかわらず、韓国は「歴史カード」を用いれば、日本に対してならばプチ帝国主義政策を展開できると考えている。その第一歩が、竹島に対する実効支配（日本から見れば不法占拠）を認めさせることである。

2012年8月15日、日本からの植民地支配を脱したことを記念する「光復節」の演説で、李明博大統領は、旧日本軍の慰安婦問題について「両国の次元を超え、女性の人権問題として、人類の普遍的価値と正しい歴史に反する行為だ」と強調した。

この演説で李明博大統領が竹島問題に言及しなかったので、韓国が対日攻勢を緩めたのではないかという見方があるが、それは間違いだ。

李明博大統領は、国際世論を韓国に引きつけることを周到に考えて、「光復節」の演説を行った。ナチス・ドイツのユダヤ人女性に対する強制避妊、人体実験、虐殺などと同じ性質の「人類の普遍的価値と正しい歴史に反する行為」を日本が行ったという見方を国際社会に印象づけようとしている。

そして、竹島に対する日本の領土要求は、韓国を植民地化しようとする帝国主義政策であるという言説を国際社会に広めようとしている。

これに対して日本は、「一方が領土問題が存在する、他方が領土問題が存在しないと主張するときは、客観的に見て、領土問題は存在する」という論理で国際社会を説得しようとしている。

日本がICJ（国際司法裁判所）に竹島問題を提訴するのも、韓国が応訴しなくても、このことによって日韓に領土係争が存在することを国際的に認知させることが目的だ。

そうなれば「グローバル・コリア」を掲げる韓国としても、交渉の席につくことを余儀なくされる。竹島問題に関するこのような政府の外交戦略は正しい。

尖閣問題については方針転換が必要

ただし、ここで留意しておかなくてはならないのが、尖閣問題とのリンケージだ。2012年8月15日、香港の活動家14人が尖閣諸島周辺のわが国領海に不法入国し、その内5人が魚釣島《うおつりしま》に不法上陸した。

沖縄県警が不法上陸した5人、海上保安庁が残りの9人を逮捕し、2日後の17日に国外に退去させた。尖閣に関して、日本は領土問題は存在しない、中国（台湾）は領土問題が存在すると主張している。

竹島と尖閣では、日本の立場は攻守が逆になっている。日本が竹島問題を国際化することによって韓国に領土問題を認知させようとする論理を、日本に尖閣をめぐる領土問題を認知させるために中国が用いてくるだろう。

8月19日には10人の日本人が魚釣島に上陸した。中国政府も世論も激しく反応し、一部地域ではデモが暴徒化した。

近未来に尖閣への上陸を試みて中国や台湾から数十隻、あるいは100隻を超える船舶がやって来る可能性がある。その場合、海上保安庁が武力を行使しない限り、上陸を阻止することは不可能だ。

また、日本政府は、尖閣を「平穏かつ安定的に維持管理」するために政府関係者以外の上陸を原則として認めないという方針を取っている。しかし、上陸を強行しようとする人を力で阻止することはしていない。このままでは、日中間の上陸合戦がエスカレートし、両国間の武力衝突に発展する。

日本政府は、「尖閣をめぐる領土問題は存在しないので、本件については中国と協議しない」という方針を改めて堂々と外交交渉を行い、その席で日本の法的管轄に服する形態で外国人が尖閣に上陸できるメカニズムについて協議すべきだ。

武力衝突の可能性を過小評価してはならない。

尖閣沖海戦の危険を過小評価するな

無害通航に反する意図的な領海侵犯

国際法では、領空と領海に対する扱いが全く異なる。外国機が許可なく領空に入れば、ただちに領空侵犯になる。スクランブル（緊急発進）をかけて着陸を指示しても、侵入機がそれを無視する場合には、撃ち落としても構わない。

しかし、領海の場合は、外国船でも無害通行権が認められている。

領海条約によれば、通航は、平和、秩序、安全を害さない限り無害とされる（14条4項）。通航が無害でなくなるのは、沿岸国の平和、秩序、安全に有害なときだけである。これらに有害でなければ、たとえ沿岸国の法令に違反しても、通航は有害であることにはならない。／（中略）たとえば、外国漁船は、無害通行権を有するが、許可がなければ領海内で漁業ができず、漁獲活動を行えば無害でなくなる

（19条2項（i））。また潜水艦は、海面上を航行し、その船籍国の旗を掲げなくてはならない（20条）（島田征夫／林司宣編著『国際海洋法』有信堂高文社、2010年、21頁）

尖閣諸島周辺の日本領海に中国の漁船や巡視船が入ってきても、それだけでは領海侵犯にはならないのである。

しかし、中国は2012年9月14日、意図的に無害通航に反する領海侵犯を行った。

中国政府は、海洋権益の保護を目的とする海洋監視船を尖閣諸島（中国名・釣魚島）周辺の日本領海に侵入させた。尖閣諸島に対する領有権を主張し、日本の実効支配への対抗措置を強める構えを鮮明に示す動きだ。／中国国営新華社通信は14日、4隻と2隻からなる2編成の海洋監視船が尖閣周辺海域に入り、「主権維持のための巡航を行った」と伝えた。11日に尖閣諸島周辺の領海の基準線を定めたことを踏まえた巡航であるとも強調した。／今回、日本の領海に入った「海監」は国家海洋局に所属する監視船で、海洋権益全般の保護を目的とする。これまで尖閣周辺に頻繁に姿を現した監視船「漁政」は農業省の所属で、漁業監視が主目的だ。それぞれ船種によって大きさや性能は異なるが、いずれも自衛用の武器の搭載が可能だ。／10日に民主党政権が国有化を正式に決めて以来、中国政府は「事態の発展に基づき、必要な措置を講じる」と警告を続けつつ、「日本が（国有化という）誤りをただし、対話のレールに戻ることを求める」（中国外務省の洪磊副報道局長）と呼びかけている。しかし、日本政府に取り合う姿勢がないと判断すれば、今後も対抗措置を強めていくのは必至の情勢だ。

（2012年9月14日、朝日新聞デジタル）

政府船舶の領海侵犯は想定外

海洋監視船は、中国政府に属する政府船舶だ。

漁船や民間の商船が、領海侵犯を行っても、その責任がただちに船が所属する国家に対して及ぶわけではない。

しかし、政府船舶が犯した違法行為に関しては中国政府が直接責任を負わなくてはならない。

海保の退去勧告に対し、中国船は中国名の釣魚島ではなく日本名の魚釣島を使い、「魚釣島は中国の領土。正当な業務中で、直ちにこの海域から離れてください」と日本語で主張したという。

（2012年9月14日、朝日新聞デジタル）

これは中国による意図的な領海侵犯だ。客観的に見て、もはや日本が尖閣諸島を平穏に実効支配しているとはいえない状態になっている。

日本政府は、領海侵犯を行う政府船舶が現れるということを想定していないので、国内法が整備されていない。

また、領海条約23条は、「軍艦が領海の通航に係る沿岸国の法令を遵守せず、かつ、その軍艦に対して行われた当該法令の遵守の要請を無視した場合には、当該沿岸国は、その軍艦に対し当該領海から直ちに退去することを要求することができる」と規定するのみで、軍艦以外の政府船舶に関する規定はない。

いずれにせよ中国は、「釣魚島」（尖閣諸島に対する中国側の呼称）は、中国領だという立場で、今後も政府船舶を日本領海に侵入させる。中国の政府船舶には自衛目的で武装しているものもある。

このままの状態が続くと、中国の政府船舶が海上保安庁の巡視船に対して発砲する事態も生じかねない。そうなれば、日本側としても自衛措置を取らざるを得なくなる。

尖閣沖海戦の危険性が現実に存在する。

中国の対日外交戦略

帝国主義的な外交ゲームができない民主党

中国は本質において帝国主義国だ。このことを端的に示すのが、中国の安倍晋三・自民党総裁に対する強い期待感だ。産経新聞北京支局の矢板明生記者の以下の報道が興味深い。

日本政府による沖縄県・尖閣諸島の国有化に反発している中国の対日当局者の間で最近、「野田佳彦政権と交渉しても意味がない。日中関係の修復は次の政権で」との考えが強まりつつある。対照的に自民党の安倍晋三総裁については、2006年の首相就任直後に中国を訪問、日中関係改善に意欲的だったことから、「『安倍政権』に期待する」との声が上がっている。

中国政府に対日問題で政策提言する立場にある日本研究者によれば、中国外交当局者の間で「尖閣問題で野田政権と交渉しても成果が得られる見込みはきわめて薄い」との認識が広がっているという。その理由として「民主党政権の対中政策の軸足は定まっておらず、信用できない」「間もなく日本の政権交代が起きる可能性が高く、次の政権と交渉した方が将来につながる」などが挙げられているという。

（２０１２年10月13日、ＭＳＮ産経ニュース）

帝国主義国は、まず相手の立場を考えずに自国の要求を突き付ける。そして、相手国がそれに怯え、国際社会も沈黙しているならば、強引な手法で自国の権益を拡大する。相手国が必死になって反発し、国際社会も「やり過ぎじゃないか」という反応を示すと、帝国主義国は国際協調に転じる。

これは帝国主義国が反省して心を入れ替えたからではない。これ以上、一方的な自己主張を続けても、反発を買うだけで結果として自国に不利な状況になると判断して、帝国主義国は譲歩するのだ。

このような勢力均衡ゲームで、帝国主義国同士の外交は展開される。

日本人は自国の国力を過小評価する傾向がある。客観的に国力を診断した場合、経済力だけでなく軍事力においても日本は帝国主義国である。

しかし、政治が国力に対応していない。民主党政権では尖閣諸島をめぐる帝国主義的な外交ゲームができないので、中国は安倍自民党政権の誕生に期待しているのだ。

その期待の根拠は何なのか。矢板記者は、

> 別の外交関係者は「安倍氏が靖国神社参拝問題を棚上げして、訪中を決断したことは中国で今も高く評価されている」と指摘した。／安倍氏の対中強硬姿勢についても「タカ派でもハト派でも、きちんとしたビジョンを持った人間であれば交渉できる」と話している。
>
> （2012年10月13日、MSN産経ニュース）

中国が安倍自民総裁に期待する勢力均衡外交

「タカ派でもハト派でも、きちんとしたビジョンを持った人間であれば交渉できる」という指摘が重要だ。要するに大人の外交ゲームを行いたいということだ。

前回、安倍氏が首相を務めたときには、靖国神社への参拝を差し控えた。それは、アジア太平洋地域における主要なプレーヤーである日本、中国、米国、ロシアの力の均衡を考えた場合、首相の靖国参拝にこだわらないほうが、日本の国益を極大化させることになると当時の谷内正太郎外務事務次官が考えたからだ。そして、安倍首相が谷内氏の勢力均衡外交を採用した。

安倍氏が前回首相を務めた2006~2007年時点と比較して、客観的に見て日本の国力は弱くなっている。2011年3月11日の東日本大震災による被害とそれに起因する福島第一原発事故の後遺症を日本はまだ克服することができていない。

この隙を衝いて、中国が尖閣諸島をめぐる攻勢をかけてきているのだ。

この状況で「尖閣諸島をめぐる領土問題は存在しないので、存在しない問題について中国と交渉することはできない」という従来の路線を日本が貫くことはできない。そのような虚勢を張り続ければ、中国が仕掛けている国際世論争奪戦で日本は一層不利な状況に追い込まれる。

中国が安倍自民党政権の誕生に期待するのは、そのときに日本が現実的な勢力均衡外交を展開すると期待しているからだ。しかし、現在の河相周夫《かわいちかお》外務事務次官に谷内氏のような戦略眼はない。

もっとも政務担当外務審議官の斎木昭隆氏が前面に出てくるならば、賢明な勢力均衡外交を展開することができるであろう。

安倍新政権と日中関係

領空侵犯は中国側のメッセージ

衆議院議員選挙（総選挙）の３日前、２０１２年12月13日に、中国機が尖閣諸島の領空を侵犯した。

領海においては船舶の無害通航権が認められている。中国船が尖閣諸島周辺の日本領海に入ってきても、ただ通過するだけならば国際法違反にはならない。

これに対して、領空には国家の管轄権が完全に及ぶ。領空を侵犯した軍用機を撃墜しても国際法違反にはならない。裏返して言うならば、他国の領空を侵犯するときには、「戦争になっても構わない」くらいの覚悟が要求される。

今回の中国機による領空侵犯は、総選挙で自民党が圧勝し、安倍晋三内閣が誕生するのを想定した中国側の「尖閣問題で日本が力を行使するならば、中国も力で対抗する」というメッセージだ。

安倍氏は、中国機が領空侵犯を行った3日前に発行された『文藝春秋』2013年1月号の寄稿「新しい国へ」において、

尖閣問題について、よく「外交交渉で解決していく」という人がいますが、この問題に外交交渉の余地などありません。尖閣諸島海域で求められているのは、交渉ではなく、誤解を恐れずにいえば物理的な力です。

とはっきり述べた。中国も当然、この論考を読んでいる。これは安倍氏の中国へのメッセージと受け止められる。中国は、領空侵犯という形で、安倍氏のメッセージに応えたと筆者は見ている。

安倍氏としては、まず中国に対するハードルを上げておき、実際に政権に就いてからは、現実路線に転換すると筆者は見ている。

実際、2012年12月17日に行われた記者会見で、安倍氏は対中外交の重要性を強調して、こう述べた。

沖縄県の尖閣諸島の国有化で悪化する日中関係の改善も新政権の急務だ。安倍氏は「尖閣は日本の固有の領土。この点については交渉の余地はない」と断言。一方で「日中関係は日本にとって最も重要な2国間関係のひとつ。粘り強く中国との対話は続けながら、良好な関係に改善をしていく努力をしていきたい」と柔軟に対応する姿勢も見せた。

首相就任後の靖国神社参拝については「日本のために命をかけた英霊に対して尊崇の念を表する。これはどの国のリーダーも行っている。私が（首相）在任中に参拝できなかったことは痛恨の極みであった」と強調。ただ、「そこまでしか申し上げるべきではない」と明言を避けた。

（2012年12月17日『朝日新聞』デジタル）

安倍氏は、首相に就任した後は、「憲法改正という大目的がある。この目的を達成するためには、靖国神社への参拝や、慰安婦問題に関する河野談話の見直しなどは、些末な問題だ」というレトリックで、中国や韓国と摩擦を起こすことを避けることになると筆者は見ている。

猪瀬都知事が関係悪化の引き金になる可能性

安倍氏の対中関係改善シナリオの障害となり得るのが、猪瀬直樹・東京都知事（当時）の対尖閣諸島戦略だ。

猪瀬氏は２０１２年11月20日に上梓した著書『解決する力』（ＰＨＰビジネス新書）でこう記している。

> 国有化によって、尖閣問題で我々に賛同してくれた多くの方々から寄せられた約一五億円という寄付金が残った。この寄付金の使い途はじっくりと考えて、有効に使いたいと考えている。／しかし、戦略なき野田政権に無条件で渡すことは考えていない。自民党総裁選のときに、東京都として各候補者に尖閣問題に関する考えと、船溜まりなどをつくるかを問う公開質問状を出した。安倍晋三さんも石破茂さんも東京都の条件に理解を示してくれた。／政権が交代するまでは、東京都が何らかの行動を起こすのは無理だろう。政権交代をまって、政権が代わってから、そのときにどうするかを考えたい。／そのときこそ、寄付金を使って石垣の漁民が安全

――に漁をできるようにヤギを駆除して尖閣諸島の自然が守られるように、当初の目的を達成すればよい。（101〜102頁）

日本政府、東京都のいずれであっても日本の公権力が尖閣諸島の現状を変更させようとすれば、中国は武力でそれを阻止しようとする。

猪瀬知事が、引き金を引くと、日中戦争に向けた連鎖反応を起こす危険がある。

新ローマ教皇（法王）の選出と中国

政治的な権力を持つローマ教皇

２０１３年2月28日、ローマ教皇ベネディクト16世が高齢（85歳）による体力の衰えを理由に生前退位した。

そして、３月13日にアルゼンチン出身のホルヘ・マリオ・ベルゴリオ枢機卿が新教皇に選出された。新教皇はフランシスコと名乗ることになった。

これらの出来事は、今後の国際政治に大きな影響を与える可能性がある。

しかし、日本のマスメディアの報道からは、カトリック教会内部の人事抗争、聖職者による児童虐待に対する責任追及、バチカン（ローマ教皇庁）系銀行のマネーロンダリング疑惑などに焦点があてられるだけで、バチカンの世界戦略が見えてこない。

ローマ教皇は、カトリック教会の最高責任者だ。ちなみに、報道では、ローマ教皇とローマ法王という表記が混在している。この点に関して、日本のカトリック中央協議会は、教会では「ローマ教皇」を使います。／以前はたしかに、日本のカトリック教会の中でも混用されていました。そこで日本の司教団は、1981年2月のヨハネ・パウロ2世の来日を機会に、「ローマ教皇」に統一することにしました。「教える」という字のほうが、教皇の職務をよく表わすからです。／その時以来、度々マスコミ各社に「ローマ教皇という名称を使ってください」とお願いしていますが、残念ながら実現していません。（http://www.cbcj.catholic.jp/jpn/memo/pope.htm）と説明する。

そもそも法王とは、仏法の王や宗主を示す仏教用語なので、ローマ教皇を表す言葉としては不適切だ。ローマ教皇は不可謬《ふかびゅう》性を持つ。これは、すべての事柄において、ローマ教皇が間違えないという意味ではなく、信仰と道徳に関する教義に限定される。ただし道徳には社会倫理に属する事項（例えば避妊の禁止。過去には政教分離、合理主義、「プロテスタント系の世俗語で書かれた聖書を普及させる目的で結成された」聖書協会も禁止）がある。

これらの事項は、政治、社会、経済にも影響を与えるので、ローマ教皇がどのような道徳指針を示すかは、事実上の政治問題にもなる。さらに、ローマ教皇は、政治的な権力を持つ。それは、バチカン市国という国家の長としての機能だ。

“信教の自由”をめぐって中国に攻勢

前教皇ベネディクト16世は、イスラム過激派に対する封じ込め、中国におけるカトリック教徒の擁護に力を入れた。

カトリック教会を会社にたとえるならば、代表権を持った会長兼社長が1人しかおらず、専務も常務も監査役も置かない、極端に中央集権化した組織だ。教皇の加齢によりバチカンの世界戦略が停滞することを懸念して、教皇の若返りが行われたのだと筆者は見ている。新教皇フランシスコも、ベネディクト16世の保守路線と世界戦略を継承する。

中国は、今後、バチカンが攻勢をかけてくることを懸念している。

【北京＝川越一】中国外務省の華春瑩報道官は14日の定例記者会見で、フランシスコ1世を新たな法王に選出したローマ法王庁（バチカン）との関係改善の条件とし

て、台湾との関係断絶と中国の内政への不干渉をあらためて求めた。中国とバチカンは断交し、聖職者の任命権限などをめぐって対立している。／華報道官はフランシスコ1世の法王就任に祝意を示す一方、「ローマ法王庁が新たな法王の指導のもと、中国と向き合い、ともに努力して、関係改善のための条件を作り上げることを望む。2つの基本原則は何の変化もない」と述べ、バチカン側に障害を取り除くための「実際の行動」を要求した。／中国が一貫して主張する〝基本原則〟は極めて一方的かつ政治的なものだ。華報道官は「バチカンは台湾とのいわゆる外交関係を断絶し、中華人民共和国政府が中国の唯一の合法的な政府であり、台湾は中国にとって不可分の国土の一部であると認めよ」と主張。さらに、「バチカンは宗教業務の名を借りて中国の内政に干渉してはならない」と迫った。

（2013年3月14日MSN産経ニュース）

中国は、カトリック教会の聖職者の人事権がバチカンにあるという国際基準での信教の自由を認めない。この状況に風穴を開けるべく、今後、フランシスコは、中国に対して攻勢をかけると筆者は見ている。

朱建栄事件

愛国者で知られる教授が拘束

東洋学園大学の朱建栄《しゅけんえい》教授（56歳）が、2013年7月17日に中国の上海に渡航した後、消息が分からなくなっている。2013年9月13日付「朝日新聞」は、本件についてこう報じた。

> 日中関係筋によると、朱氏は7月17日、日本から上海に到着した直後、空港で中国国家安全当局に拘束された。上海在住の大学時代の中国人の知人から「話したいことがある」と誘われ、訪中したという。
> 朱氏は上海出身で中国籍。中国外務省の洪磊副報道局長は11日の定例会見で日本メディアの質問に対し、「朱建栄氏は中国の国民だ。中国国民は国家の法律と法規を順守しなければならない」と述べ、当局の取り調べを受けていることを強く示唆

した。

容疑については、中国で複数の軍関係者と接触し違法な情報収集をした疑いや、非公開の情報を日本政府関係者に提供した疑いなどが取りざたされている。朱氏は中国人学者らでつくる日本華人教授会議の元代表。1986年に来日し、東洋女子短期大学助教授を経て、東洋学園大教授を務めている。

（2013年9月13日『朝日新聞デジタル』）

筆者が信頼できる中国筋から得た情報は、朝日新聞の報道とは少し異なる。

朱教授は、上海の空港で拘束されたのではなく、7月18日の午後4時に上海の国家安全局（国家安全部［秘密警察］の出先機関）に呼び出され、その時点から外部と一切連絡が取れなくなったということだ。

日本の政府機関に中国の秘密情報を流したという嫌疑がかけられているようだ。

朱教授の政治的立場は、中国政府に近い。評論家の中では朱教授を「中国政府の代弁者だ」と批判する人もいる。

朱教授は、中華人民共和国の愛国者である。それだから、いかなる状況においても自国政府の立場をできるだけ日本人に理解させることに発言の力点を置いていた。

もっとも国家安全部からすると、中国政府を熱心に擁護する朱教授の言説が、日本のスパイであることを隠蔽するための偽装に見えるのであろう。

背後にある国家安全部の謀略

筆者は、鈴木宗男事件に連座して2002年5月14日に東京地検特捜部に逮捕されるまで『世界』(岩波書店)で、世界論壇月報という連載を朱教授たちと担当していた。

朱教授は私が逮捕されるとひどく心配し、獄中にメッセージと『史記列伝』を差し入れてくれた。苦しい状況に陥ったとき、どのように身を律したらよいかについて中国の先人から学べばよいとの朱教授の配慮だった。

また、筆者が保釈された後、朱教授たちが会食の席を設け、「佐藤さんのように日本の国を深く愛している人がこのようなことになった。僕はほんとうに悲しいです」と声をかけてくれた。

当時は誰もが筆者と会うことを忌避していた時期だ。朱先生の温かい言葉がうれしかった。

朱教授が対日政策をめぐる中国政府の内部抗争に巻き込まれてしまったのではないかと筆者は懸念している。

中国筋は、段階的に朱教授が拘束された可能性、日本のスパイ容疑がかけられているなどという情報をリークしている。

日本の政府とマスメディアがどのような反応をするのか探っているのであろう。

そして、国家安全部は、大きな事件に仕立てるか、それとも、事件化せずに静かに処理するかについて、慎重に検討しているのだと思う。

朱教授は、中国外交部（外務省）とは良好な関係を持っている。

朱教授が日本のスパイという話を作れば、対日政策において国家安全局が外交部を牽制することができる。

また、「朱建栄教授のような中国政府よりの知識人でも弾圧されるならば、中国に少しでも批判的な見解を述べたら、どのような目に遭わされるか分からない」と中国の日本専門家は、強い不安を抱くようになる。

日本に在住している中国人たちも、政治的発言に関して慎重になる。国家安全部にとっては、一石二鳥の事件になる。日中の心ある人々が力を合わせ、国家安全部の謀略を粉砕しなくてはならない。

朱教授の夫人は日本人で、2人の子どもも日本国籍を持っている。朱教授も日本の永住権を持っている。

政府は人道的観点からも、朱教授を一日も日本の家族のもとに戻す努力をすべきだ。

追記／その後、朱教授は2014年1月17日に釈放され2月28日に日本に戻った。今回の事件について朱教授は詳しいことは語っていない。

第6章

先が見えない北朝鮮外交

北朝鮮の挑発に対するロシアの見方

情勢を楽観視するロシア

２０１２年３月５日、北朝鮮軍最高司令部の報道官が、同月11日から朝鮮戦争休戦協定の効力を「全面白紙化」すると発表した。

そして、３月11日に北朝鮮は、朝鮮休戦協定の「全面白紙化」を再確認するとともに、南北間の不可侵合意、朝鮮半島の非核化を一方的に廃棄し、板門店の連絡チャネルも閉鎖し、南北間の緊張を極限まで煽っている。

朝鮮戦争は、休戦について合意したのみで、国際法的には戦争状態が続いている。１９５３年７月27日に、北緯38度線近くの板門店で、北朝鮮、中国両軍と国連軍（実質的には米軍）との間で休戦協定が締結され、３年間にわたる朝鮮戦争は戦闘行為を停止することになった。

休戦協定に署名したのは、金日成《キムイルソン》朝鮮人民軍最高司令官、彭徳懐中国人民志願軍司令官、M・W・クラーク国際連合軍司令部総司令官の3人だ。

韓国の李承晩《イスンマン》大統領はこの休戦協定を不服として調印式に参加せず、この協定に署名していない。従って、国際法的に韓国は休戦協定の当事国ではない。

北朝鮮の目的は、休戦協定を「全面白紙化」することによって、米国と平和条約を締結し、金正恩体制を認知させ、北朝鮮の国家体制を米国が武力によって転覆させないという保障を取り付けることだ。

今回の北朝鮮の挑発について、ロシアは事態をかなり楽観視している。

4月14日、露国営ラジオ「ロシアの声」が報じた「朝鮮半島　対話開始の新しい可能性か」と題する論評の以下の部分が注目される。

ロシアのセルゲイ・ラヴロフ外相が金曜日（引用者註・4月12日）に明らかにしていた通り、ロシアは北朝鮮の面子を保ちながら今回の危機を解決するためにあらゆる努力を行う準備がある。また在モスクワ北朝鮮大使であるキム・ヨンジェ氏に対しては、イーゴリ・モルグロフ外務次官から新しいシグナルが送られ、さらなる情勢緊迫化を避け、交渉に応じるよう呼びかけがなされている。

それと同じ日、韓国政府は朝鮮半島における緊張を緩和するために北朝鮮と交渉する準備があることを示した。またそのような立場は米国からも支持されている。ジョン・ケリー国務長官は南北朝鮮の関係が改善することを期待している。ケリー国務長官は北朝鮮との間で核問題に関する交渉に応じる準備があるとしており、また国連安保理決議が遵守されるならば、人道支援も実施するとしている。バラク・オバマ大統領は北朝鮮を刺激しないために一連の軍事演習を取りやめている。極東研究所のヤコフ・ベルゲル専門家は次のように指摘している。／「米国は自らの脅迫を緩和しました。これは強硬な姿勢を変更する準備があるということです。北朝鮮側も恐らく同じような対応をしてくるでしょう。米国と北朝鮮は交渉で合意するための可能性を持っていると思います」

（ロシア国営ラジオ「ロシアの声」日本語版ウェブサイト（http://japanese.ruvr.ru/2013_04_14/110740549/）

対等な関係を求めて挑発

しかし、北朝鮮は朝鮮半島においていつでも戦争が始まりうるという警告を韓国に対して行っている。また日本に対しても核攻撃で脅迫しており、日本はすべての安全策をとるとしている。（中略）／一方、世界経済国際関係研究所のアレクサンドル・フョードロフスキー専門家は、朝鮮半島における大規模武力衝突がおこるような前提条件はいまのところないと指摘している。／「北朝鮮をふくめていかなる国も武力衝突を望んではいません。米国と韓国の最新の軍隊の前には北朝鮮はかなり致命的なダメージを被ることになるでしょう。今回の状況緊迫化は北朝鮮国内の社会経済的状況を背景とするものです。現在、国内状況はかなり思わしくなく、新しい政権も十分な足固めができていません。これはつまり、国民および政治・経済エリートに対して、新指導者の周りに団結するようにとの呼びかけなのです。また国際社会に対しては、国連決議には違反しているものの、北朝鮮を対等なパートナーとして認めるようにとのメッセージなのです」（同）

（ロシア国営ラジオ「ロシアの声」日本語版ウェブサイト）

「ロシアの声」は国営放送なので、ロシア政府の意向に反する論評は行わない。北朝鮮情勢に関するロシアの分析を日本政府はもっと活用すべきだ。

張成沢の処刑をどう読むか

猪木議員に発した失脚のシグナル

2013年12月12日、北朝鮮の張成沢《チャンソンテク》・前国防委員会副委員長（67歳）が処刑された。

12日に開かれた特別軍事裁判で、張氏がクーデターを画策する「国家転覆陰謀行為」を認めたとして死刑判決が下され、ただちに執行されたとしている。事実上のナンバー2だった張氏の処刑で今後、側近らの粛清が続くとみられ、金正恩第1書記の独裁体制が強まる見通しだ。／故金正日総書記の妹の夫で、正恩氏の義理の叔父にあたる張氏は正恩氏の「後見人」とされてきたが、反党・反革命的な分派行為や不正・腐敗行為があったとして、8日の朝鮮労働党政治局拡大会議で党行政部長などすべての職務から解任された。

（2013年12月13日『朝日新聞デジタル』）

筆者は、12月5日にアントニオ猪木（猪木寛至）参議院議員と懇談した。11月下旬、平壌を訪れた猪木氏は、張成沢氏と会見した最後の外国要人になる。

筆者と猪木氏の間でこんなやりとりがあった。

佐藤「張成沢さんとのやりとりで何か気になることがありましたか」

猪木（少し考えて、）「（北朝鮮を訪れた）『あなたの勇気を称える。あなたの正しさは歴史が証明する』と言っていた。『歴史が証明する』という言葉が、印象に残った」

佐藤「『歴史が証明する』とは、現下の政争では敗れるが、いずれ敗れた側が正しかったことが後の歴史で証明されるという意味です。旧ソ連時代、政争に巻き込まれた政治家がよく使った言葉です。張成沢が失脚したことは間違いないです。平壌から何かシグナルがありましたか」

猪木「今朝、平壌から『今回の出来事（張成沢粛清）にかかわらず、猪木先生との約束は生きていますし、来年1月の日本からの国会議員団の受け入れも予定通りに行います』という連絡があった」

猪木氏と会見した時点で、張成沢は、処刑されるかどうかは定かでないとしても、失脚は必至であるとの認識を持っていたので、猪木氏に仮託して、「正しさは歴史が証明する」と述べたのであろう。

旧世代エリートの粛清が加速か

2014年、平壌の外国文出版社から日本語で刊行された金正恩『最後の勝利をめざして』に北朝鮮でイデオロギー転換が本格的に始まったことをうかがわせる記述がある。

本書では、従来の「金日成主義」に代わって「金日成・金正日主義」が北朝鮮の指導思想になっている。

旧ソ連の独裁者スターリンは、従来の「マルクス主義」から「レーニン主義」という新しいイデオロギーを構築した。同時に、トロツキー、ブハーリンなどのライバルをレーニン主義に反する「分派活動をした」「資本主義の復活を幇助した」などの罪状で粛清した。

金正恩は、スターリンから権力基盤確立の技法を学んでいるのだと思う。

『最後の勝利をめざして』には、「革命家の遺児は万景台の血統、白頭の血統をしっかり継いでいく先軍革命の頼もしい根幹となるべきである。——万景台革命学院、康盤石革命学院創立六五周年に際して学院の教職員、生徒に送った書簡」が収録されている。

この書簡の日付は、２０１２年10月12日だ。金正恩は、北朝鮮のエリート候補生である万景台革命学院と康盤石革命学院の関係者に対して意味深長な警告を行っている。

万景台革命学院と康盤石革命学院は、生徒に対する教育活動において何よりも思想教育活動を強化すべきです。

革命家の血筋を引いているからといって、その子がおのずと革命家になるわけではありません。偉大な大元帥たちが述べているように、人の血は遺伝しても思想は遺伝しません。

革命思想は、ただ絶え間ない思想教育と実際の闘争を通じてのみ信念となり、闘争の指針となり得るのです。（１３２頁）

「革命家の血筋を引いているからといって、その子がおのずと革命家になるわけではありません」というのは、金正恩《キムジョンウン》体制下で今後、エリートを流動化させるという宣言だ。金正恩の叔父である張成沢はまさに「革命家の血筋を引いている」が粛清された。

張成沢だけでなく、旧世代の政治エリートを一掃する大規模な粛清が北朝鮮で現在進行していると筆者は見ている。

北朝鮮による弾道ミサイル発射

発射成功なら米東海岸も射程に

2016年2月7日、北朝鮮が長距離弾道ミサイルを発射した。北朝鮮は、弾道ミサイルではなく平和目的の気象衛星を打ち上げるためのロケットの発射だったと強弁している。北朝鮮は、謎に包まれた国だ。

北朝鮮情勢を分析するときは、退屈であっても、北朝鮮当局の公式声明を精読することが重要である。

北朝鮮の国営朝鮮中央通信が7日公表した北朝鮮国家宇宙開発局の報道文の要旨は以下の通り。／国家宇宙開発局の科学者、技術者らは宇宙開発5カ年計画の2016年計画に従い、新たに研究開発した地球観測衛星「光明星」4号を軌道に進入させるのに完全に成功した。／運搬ロケット「光明星」号は、2月7日午前9

時（日本時間同9時半）、平安北道鉄山郡の西海衛星発射場から発射され、9時9分46秒に光明星4号を自らの軌道に正確に進入させた。／4号は、97・4度の軌道傾斜角、近地点で高度494・6キロ、遠地点で500キロの極軌道を回っており、周期は94分24秒である。／4号には、地球観測に必要な測定機材と通信機材が設置されている。／4号発射の完全な成功は、偉大な朝鮮労働党の科学技術重視政策の誇らしい結実であり、自主的な平和的な宇宙利用の権利を堂々と行使し、国の科学技術と経済、国防力を発展させていくうえで画期的出来事となる。／朝鮮民族の最大の明節である光明星節（故金正日総書記の誕生日である16日）が日々、近づく2月の青く澄んだ春の空の果てに刻まれた衛星の恍惚たる飛行雲は、われわれの宇宙科学者、技術者たちが偉大な金正恩同志と我が党、わが国家、人民に捧げる真心からの贈り物だ。／宇宙開発局は、今後も衛星をより多く万里の大空に打ち上げる。

（2016年2月7日「朝日新聞デジタル」）

この声明を額面どおりに解釈すると、故金正日総書記の誕生日である2月16日を祈念して地球観測衛星を打ち上げたということだ。

ちなみに過去も北朝鮮は人工衛星の打ち上げに成功したと発表し、軌道のデータまで発表したが、北朝鮮以外の国家や組織で当該人工衛星を確認した事例はなかった。ただし、今回は、北朝鮮が2つの「物体」を地球の周回軌道に乗せることには成功したようだ。

CNN（電子版）によると、米国防当局者は8日までに、北朝鮮が発射した長距離弾道ミサイルの何らかの2つの物体が、地球の周回軌道に乗っていることを明らかにした。／2つの物体が、北朝鮮が主張する「衛星」なのか、ミサイルの残骸などであるかは不明。米コロラド州の北米航空宇宙防衛司令部（NORADO）は、2つの物体の軌道傾斜角は97・55度だとしており、それぞれに「41332」と「41333」の衛星カタログ番号を付けた。

（2016年2月8日「産経ニュース」）

ミサイルとロケットは、本質的に同じだ。先端に搭載する物が弾頭だとミサイル、非軍事目的の衛星だとロケットと呼ばれる。

ミサイル、ロケットの打ち上げ自体は、国際法で禁止されていないが、北朝鮮に関しては、弾道ミサイルに核兵器を搭載する意思を持っていると見なされているので、国連安保理決議でミサイル（北朝鮮がロケットと自称する場合も含む）発射が禁止されている。

韓国は、北朝鮮の今回のミサイル発射が成功したと見ている。

韓国の韓民求国防相は7日の国会答弁で、北朝鮮の「衛星」が「（宇宙空間の）軌道に乗ったと評価している」と述べ、今回の発射は成功したとの見方を示した。開発が完了すれば、射程は1万2千〜1万3千キロに達するとの見通しにも言及。米東海岸をも射程に収めることになる。発射台は前回の30メートルから57メートルに伸びたことも指摘し、機体の大型化で射程が伸びたことも示唆した。

（2016年2月8日「朝日新聞デジタル」）

体制崩壊にもつながる危険な賭け

北朝鮮の長距離弾道ミサイルが、果たして米国の東海岸に到達する射程を持つことが確実であるかどうかについては、専門家の間で見解が分かれている。

また、弾道の場合は、人工衛星と異なり、弾道を大気圏内に再突入させなくてはならない。このとき再突入の角度を誤ると、弾頭が摩擦熱で燃え尽きてしまう。この点の技術的障壁も大きいと見られている。

いずれにせよ、北朝鮮が核兵器の小型化に成功し、長距離弾道ミサイルへの搭載を可能にすれば、技術的に米本土への核攻撃が可能になる。

金正恩政権は、米本土攻撃が可能になる核兵器開発を進めることで、米国を交渉の場に引き出すことができると考えているのであろうが、これは危険な賭けだ。北朝鮮が、大陸間弾道ミサイルによって米本土を核攻撃する能力を持つことを米国は絶対に許さない。

具体的には、米空軍が、北朝鮮の核研究所、ミサイル工場などを空爆し、徹底的に破壊する。あるいは、米軍が特殊部隊を北朝鮮に上陸させて、金正恩を中立化（インテリジェンス業界の用語で殺害を意味する）する。

その結果、北朝鮮の金正恩体制も崩壊の危機に直面することになるだろう。このあたりの未来予測分析が、北朝鮮にはできていないようだ。

拉致問題に関する北朝鮮の強硬姿勢

ストックホルム合意破棄で遠のく解決

２０１６年2月12日、朝鮮中央通信は、北朝鮮政府が日朝合意に基づく日本人に関する包括的な調査を全面的に中止し、「特別調査委員会」を解体すると宣言した。

拉致問題に関して北朝鮮が強硬姿勢に転じた背景には、北朝鮮による核実験、弾道ミサイルの発射に関連した日本政府が2月10日に発動した以下の独自制裁措置がある。

第一に、人的往来の規制措置を実施する。具体的には、以下の措置を実施する。／（1）北朝鮮籍者の入国の原則禁止／（2）在日北朝鮮当局職員及び当該職員が行う当局職員としての活動を補佐する立場にある者の北朝鮮を渡航先とした再入国の原則禁止（対象者を従来より拡大）／（3）わが国から北朝鮮への渡航自粛要請／（4）わが国国家公務員の北朝鮮渡航の原則見合わせ／（5）北朝鮮籍船舶の乗

員等の上陸の原則禁止／（6）「対北朝鮮の貿易・金融措置に違反し刑の確定した外国人船員の上陸」及び「そのような刑の確定した在日外国人の北朝鮮を渡航先とした再入国」の原則禁止／（7）在日外国人の核・ミサイル技術者の北朝鮮を渡航先とした再入国の禁止

第二に、北朝鮮を仕向地とする支払手段等の携帯輸出届出の下限金額を１００万円超から10万円超に引き下げるとともに、人道目的かつ10万円以下の場合を除き、北朝鮮向けの支払を原則禁止する。

第三に、人道目的の船舶を含むすべての北朝鮮籍船舶の入港を禁止するとともに、北朝鮮に寄港した第三国籍船舶の入港を禁止する。

第四に、資産凍結の対象となる関連団体・個人を拡大する。（２０１６年2月10日、外務省ＨＰ）

このような日本政府の制裁措置に対する報復として北朝鮮政府は拉致問題の解決に向けた日本政府との約束を反故にしたのである。

北朝鮮は、日本の独自制裁について「極度の嫌悪感と沸き立つ憤怒を禁じ得ない」と非難。「われわれに対する全面的な挑発だ」とし、2014年5月のストックホルム合意について「破棄を公言した」と決めつけた。／そのうえで、12日から拉致被害者を含む日本人の包括的な調査を全面的に中止すると宣言。秘密警察の国家安全保衛部が率いる特別調査委員会を解体するとした。日本に対して「より強力な対応措置が続くことになる」と警告。「今日の重大な結果を生んだ全責任は安倍政権が負わなければならない」とも主張した。／日朝両政府は13年末ごろから秘密接触を開始。14年5月の合意で、日本が北朝鮮に対する制裁を一部緩和することと引き換えに、北朝鮮が拉致被害者を含む日本人の再調査の実施に応じた。日朝双方は、北朝鮮が14年秋ごろまでに最初の調査結果を日本に通報する方向で調整したが、依然、実現していない。〉

（2016年2月12日「朝日新聞デジタル」）

一般論として、双方が妥協せずに外交交渉がまとまることはない。

拉致問題を含む北朝鮮に所在する日本人に関する包括的調査を北朝鮮が行って、結果を出しても、日本政府と日本国民が納得できる内容になる可能性は低い。

それにもかかわらず安倍政権が秘密交渉を重ねストックホルム合意に至った。安倍政権は、北朝鮮に対して強硬な姿勢を取る保守政権だからこそ、日本が北朝鮮に妥協した合意をしたとしても、日本世論の反発を抑え込むことができると考えたのであろう。

北朝鮮がストックホルム合意を破棄したことによって拉致問題解決の見通しは遠のいた。

恫喝外交は通用せず余裕を失う北朝鮮

北朝鮮の目的は、金正恩体制を転覆させないという保障を米国から取りつけることだ。

北朝鮮は、「求愛を恫喝で示す」という独自の外交を展開している。すなわち、米国本土に届く長距離弾道ミサイルを開発し、さらに原爆を小型化して、ミサイルに搭載できるようになれば、米国が北朝鮮を恐れて交渉を始めるようになるだろうと考えている。

しかし、北朝鮮がこのような恫喝外交を展開すれば、米国は北朝鮮の核開発・弾道ミサイル施設を空爆で破壊することになる。

北朝鮮は、核関連施設やミサイル関連施設を地下に造っているので、正確な位置を把握しなくては、バンカーバスターによる攻撃ができない。その場合は、平壌を攻撃して、金正恩を殺害することすら米国は躊躇しないであろう。

いずれにせよ、原爆を小型化し、米本土に到達可能な大陸間弾道ミサイルを保有すれば、金正恩体制を維持することはできなくなる。

北朝鮮のインテリジェンス専門家も外交官もこのリスクを十分認識しているものと思われる。

北朝鮮にいつまでも虚勢を張っている余裕はない。1～2年もすれば国際的な制裁が北朝鮮経済にそれなりの影響を与えるようになる。

そうなれば、北朝鮮は拉致問題を含む懸案の解決に向け、日本に前向きのシグナルを送ってくる可能性がある。いずれにせよ時の経過は日本にとってプラスに作用する。

北朝鮮の対応に一喜一憂せず「急ぎつつ、待つ」という態度をわれわれは取るべきだ。

朝鮮労働党第7回大会

金日成との連続性を強く打ち出す

2016年5月6〜9日、北朝鮮（朝鮮民主主義人民共和国）の平壌で、朝鮮労働党第7回大会が行われた。前回の第6回大会が開催されたのは、36年前、金日成主席の指導下においてだった。

この第6回大会で、金日成は、全社会の主体（チュチェ）思想化を提唱し、当時存在していたソ連・東欧諸国などのマルクス・レーニン主義とは、一線を画したイデオロギーで、北朝鮮を運営するという方針を明確にした。

さらに金日成の息子の金正日が政治局常務委員に選ばれ、共産主義国としては異例の世襲体制（王朝）の道筋がつけられた。北朝鮮の憲法では、朝鮮労働党は国家を指示する特別な位置にある。

最高指導機関である党大会は、80年の第6回党大会以前は4年ごと、以降は5年ごとに党中央委員会総会が召集することと党規約で定められているが、実際には46年8月、48年3月、56年4月、61年9月、70年11月、80年10月の6回しか開催されておらず（和田春樹／石坂浩一編『岩波小辞典 現代韓国・朝鮮』岩波書店、2002年、178ページ）、

朝鮮労働党の国家における地位は形骸化していた。それは、金正日総書記が、軍隊を重視する「先軍政治」を打ち出し、国家体制の軍事化を推し進めたからだ。

今回の大会では、金正恩朝鮮労働党第一書記（兼朝鮮民主主義人民共和国国防委員会第一委員長）は、金日成との連続性を強く打ち出している。

そして、新設ポストの朝鮮労働党委員長に就任した。

北朝鮮の首都平壌で10日午前、前日に閉幕した朝鮮労働党第7回党大会を祝う集会とパレードが行われた。党大会で党最高位にあたる「党委員長」に就いた金正恩氏も出席した。36年ぶりに開かれた党大会は、正恩氏の権威を強めるための大会と

して終わった。／正恩氏は人民服姿で出席し、市民がパネルで作る「金正恩」「宇宙強国」などの巨大文字やパレードを見守った。金永南最高人民会議常任委員長が正恩氏の党委員長就任を祝い、核開発の業績を称賛した。正恩氏は発言しなかった。／朝鮮中央通信は10日朝、党大会で改選された幹部の名簿や改正された党規約の一部を公表した。党規約は正恩氏を「朝鮮労働党と朝鮮人民の偉大な指導者」、正恩氏が就いた党委員長を「党の最高指導者」とそれぞれ定めた。「経済建設と核戦力建設を並進させる」とも規定した。／党大会は党中央委員129人、同候補106人を選出。その中から、党中枢の政治局常務委員や同委員らを選んだ。正恩氏は従来通り、政治局常務委員や党中央軍事委員長を兼職する。正恩氏の妹で党宣伝扇動副部長とされる金与正氏も党中央委員に選ばれた。与正氏は正恩氏の現地指導に度々同行し、近くで見守る姿が報じられていた。

（2016年5月10日「朝日新聞デジタル」）

朝鮮労働党第7回党大会において、金正恩は側近で党幹部を固めた。金正日から金正恩への権力移譲は基本的に成功したと言えよう。

今回の党大会で、金正恩は、金日成・金正日主義という言葉を繰り返した。金正恩は、従来の金日成主義を金日成・金正日主義に改め、その解釈権を金正恩が独占することを考えている。

これは、かつてソ連のスターリンが、独裁体制を構築するにあたって、マルクス主義をレーニン主義（マルクス・レーニン主義）に改めて、その解釈権を独占した事例に似ている。

遺訓から解放された金正恩抑制が働かない可能性も

金正恩は、父の金正日が堅持した金日成の「遺訓政治」とは別の原理で政治を行おうとしている。その鍵になるのが、金日成・金正日主義という用語なのだ。

この準備は4年前から進められていた。例えば、２０１２年4月6日に行われた「金正日同志をわが党の永遠なる総書記として高くいただきチュチェの革命偉業をりっぱになしとげよう――朝鮮労働党中央委会の責任幹部への談話」という演説の記録で、金正恩は、金正日の路線を踏襲すると言いながら、重要なところで根本的な政策変更を行っている。

かぎりなく謙虚な金正日同志は、金正日主義はいくらほりさげても金日成主義以外のものではないとして、わが党の指導思想を自身の尊名とむすびつけることをきびしくさしとめました。／こんにち、わが党と朝鮮革命は金日成・金正日主義を永遠なる指導思想として堅持していくことを求めています。（『金正恩著作集』白峰社、２０１４年、25頁）

ここで論理を整理すると金正日は「自分の名と結びつけた金正日思想という言葉を朝鮮労働党の指導思想としてはならない」と言明したにもかかわらず、金正恩はこの遺訓に反して、金日成・金正日主義を作り出したということだ。

金正恩は、祖父の金日成、父の金正日の軛から解放されて、自由に政策を決定できる。それだから、核実験と長距離弾道ミサイル発射によって、恫喝をかけながら、米国を交渉に引き出そうとしている。

米国と本格的に対峙することを避けるというのが金日成と金正日の政策だったが、遺訓から解放された金正恩にはそうした抑制が働かない可能性がある。

あとがき　国際ニュースを読み解くポイント

本書は雑誌『経済界』（連載当時は月2回刊、現在は月刊）の連載を改訂、再編集したものだ。経済誌の読者には、経営者、官僚、政治家、マスコミ関係者など、国際情勢に対する関心の強い人が多い。従って、他の媒体に連載したものと比較して、本書はかなり踏み込んだ内容のものになっている。

国際ニュースを読み解くポイントは、まえがきでも触れたように、外交の基本文法を習得することだ。

基本文法の学習を疎かにして、辞書を引いて単語を適当につなぎあわせて、想像でテキストを読むと大きな誤読をしてしまうことになる。

最近の国際情勢については、米国の北朝鮮攻撃が話題になることが多い。このことを外交の基本文法に即して読むとこんなふうになる。

依然として米国と北朝鮮の関係はかなり危険な状態だ。

米国の「ワシントンポスト」紙が5月24日付で、4月29日に行われた電話会談でトランプ米大統領がフィリピンのドゥテルテ大統領に「我々の攻撃力は北朝鮮の20倍あるが、使用することは望んでいない」と述べたと報じた（5月26日「朝日新聞」朝刊）。

私は外務省で長くインテリジェンスを担当していたので、表面的な報道では語られていない水面下の情勢についても想像することができる。

米国は北朝鮮に硬軟双方のシナリオを描いている。北朝鮮がこのまま大陸間弾道ミサイル（ＩＣＢＭ）の開発を進め北米大陸に到達することが可能になるとする。そこに小型化された核弾頭が搭載可能な状態になると、北朝鮮は米国にとって現実的な脅威になる。

このような状態になれば、日米安保条約は空洞化する。なぜなら、ワシントン、ニューヨーク、サンフランシスコなどの主要都市を北朝鮮が核攻撃するリスクがある中で、日本が北朝鮮に攻撃されるような状況が生じても、米国が武力介入するのは非合理的だからだ。

もっともそのような状況になる前に米国は何らかの対応をとる可能性が高い。

考えられるシナリオとして、米国による北朝鮮に対する武力行使がある。しかし、そうなった場合、北朝鮮の反撃は必至で、間違いなく第二次朝鮮戦争が始まる。その場合、

100万人を超えるような死者がでるであろう。

このハードルは米国にとってもかなり高い。そうなると別のシナリオが出てくる。交渉による問題の平和的解決だ。

報道によると、米国は北朝鮮に対して、交渉の条件を伝えたようだ。

北朝鮮がICBMと核兵器の開発を断念する。そうすれば、米国が4つの約束をするというものだ。

第1に金正恩体制を北朝鮮における合法政権と認める。

第2に金正恩政権を武力で転覆させない。

第3に軍事境界線（いわゆる38度線）を超えて北朝鮮に武力行使をしない。

第4に朝鮮半島の統一を急がない。

米国のトランプ大統領の交渉スタイルは不動産業に就いていたときと変わっていない。米国と北朝鮮の間でもディール（取り引き）が交渉で行われる。その場合、米国が最初に打ち出した条件から譲歩することになる。ICBMか核兵器のいずれかで米国が北朝鮮に対して譲歩するシナリオは出てくる。

私が恐れるのは、米国がパキスタンに対するのと同じ姿勢で北朝鮮に接することだ。米国はパキスタンが核兵器を保有することを事実上認めている。それはパキスタンが保有する核兵器運搬手段が中距離弾道ミサイルだけで、米国まで到達することがないからだ。そもそも戦略核と戦術核の区別は、米国まで到達すれば戦略核で到達しないものが戦術核だという米国中心主義的な概念だ。

中距離弾道ミサイルの「ノドン」に核弾頭が搭載された場合、米国にとっては戦術核に過ぎないが、日本にとっては戦略核になる。

米国が、北朝鮮の核と中距離弾道ミサイルを容認することになると、日本の国土全体が北朝鮮の弾道ミサイルの射程圏内になる。

北朝鮮が日本を攻撃した場合に、ワシントン、ニューヨーク、サンフランシスコなどの都市が北朝鮮の反撃されるリスクがある中で日本を守るとは思えない。

こういう事態になったらどのような対応をすればよいのであろうか。

非核3原則の「持たない」「造らない」「持ち込ませない」のうち、3番目の「持ち込ませない」を撤廃し、日本国内の米軍基地に核兵器を置いて抑止力を強化するというシナリオが出てくるであろう。

もっとも米国には、どこに核兵器を展開しているかについて明らかにしないという原則がある。この原則を日本の安全保障を強化するために撤廃し、日本に米国の核が存在することを明言するようになるとは思えない。

日本がとても厳しい国際環境に追い込まれる可能性がある。

暗い未来予測であっても、それを直視する勇気を持つことが求められている。

本書を上梓するにあたってはフリーランス編集者の兒玉容子さんにたいへんお世話になりました。どうもありがとうございます。

2017年6月19日、曙橋（東京都新宿区）にて、

佐藤 優（作家・元外務省主任分析官）

本書は『経済界』の連載「佐藤優の「天下の正論」「巷の暴論」」（２０１１年１月25日号～２０１４年３月４日号）及び「グローバルニュースの深層」（２０１４年４月10日号～２０１７年３月７日号）を改訂、再編集したものです。

佐藤 優（さとう・まさる）

作家、元外務省主任分析官。1960年生まれ。同志社大学神学部、同大学院修了後、1985年外務省入省。在ロシア日本国大使館など勤務後 、外務本省国際情報局にて主任分析官として活躍。2002年に逮捕。2009年6月有罪が確定し失職。2013年6月に執行猶予期間を満了し、刑の言い渡しが効力を失った。2005年『国家の罠―外務省のラスプーチンと呼ばれて』（新潮社）にて 第59回毎日出版文化賞特別賞を受賞。翌2006年の『自壊する帝国』（新潮社）で第5回新潮ドキュメント賞、第38 回大宅壮一ノンフィクション賞を受賞。著書多数。

経済界新書
055

世界を裏側から見る私の手法

2017年 7 月 21 日　初版第1刷発行

著者　佐藤 優
発行人 佐藤有美
編集人 安達智晃
発行所 株式会社経済界
〒107-0052 東京都港区赤坂1-9-13 三会堂ビル
出版局　出版編集部☎03-6441-3743
出版営業部☎03-6441-3744
振替　00130-8-160266
http://www.keizaikai.co.jp

装幀　岡 孝治
撮影　森 清
協力　兒玉容子
印刷　㈱光邦

ISBN978-4-7667-2065-5